LIEUTENANT-COLONEL DE THOMASSON

LE REVERS

DE 1914

ET SES CAUSES

AVEC 3 CROQUIS

BERGER-LEVRAULT, ÉDITEURS

NANCY-PARIS-STRASBOURG

LE
REVERS DE 1914

ET SES CAUSES

DU MÊME AUTEUR

Les Procédés d'exploration de l'armée de Nord-Virginie dans la guerre de Sécession américaine. (Extrait de la *Revue de Cavalerie.*) 1901. Volume grand in-8 de 96 pages, avec 7 croquis . . . . **2 fr.**

Les Manœuvres impériales allemandes en 1912. Articles publiés dans le *Journal des Débats.* Préface du général DE TORCY. 1912. Brochure in-8 de 50 pages, avec 2 cartes . . . . **1 fr.**

Les Grandes Manœuvres anglaises en 1913. 1913. Brochure in-8 de 39 pages . . . . **75 c.**

(Berger-Levrault, éditeurs.)

LIEUTENANT-COLONEL DE THOMASSON

LE
REVERS DE 1914
ET SES CAUSES

AVEC 3 CROQUIS

BERGER-LEVRAULT, ÉDITEURS

PARIS - NANCY - STRASBOURG

1919

AVANT-PROPOS

Aujourd'hui que sont levées les consignes nécessaires du temps de guerre, et que la victoire finale permet de parler sans aigreur comme sans réticence de la défaite initiale, c'est un devoir de faire notre examen de conscience et de reconnaître des erreurs funestes. J'essaierai donc, dans ces quelques pages, d'étudier les causes multiples, d'ordre politique et social aussi bien que militaire, auxquelles est due la calamiteuse bataille des frontières du mois d'août 1914.

Le qualificatif n'est que juste, car cette bataille n'a pas seulement voué à la ruine totale ou partielle neuf de nos plus riches départements (1). Insuffisamment réparée par le beau rétablissement de la Marne, elle a pesé de tout son poids sur la guerre entière, elle a paralysé notre stratégie. Dès le mois de septembre 1914, notre haut commandement a dû s'absorber

____

(1) Pas-de-Calais, Nord, Somme, Oise, Aisne, Ardennes, Marne, Meuse, Meurthe-et-Moselle.

dans la tâche de brider d'abord, de réduire
ensuite l'énorme poche pratiquée dans notre
territoire. Toujours obsédés de la crainte d'a-
bandonner aux dévastations d'un ennemi
sauvage une nouvelle bande de terre française, nous avons été condamnés à près de
quatre années d'une hideuse guerre de tranchées, à laquelle nous étions infiniment moins
préparés, et aussi moins aptes que l'Allemand,
et que nous n'avons pu soutenir qu'à force
d'héroïsme. Jusqu'au jour où l'aide américaine, la maîtrise d'un commandement unique
et les fautes d'un adversaire possédé de

> *cet esprit d'imprudence et d'erreur,*
> *De la chute des rois funeste avant-coureur,*

ont enfin conduit la France martyre et ses
alliés, après une immortelle campagne de
quatre mois, des bords de l'abîme au sommet
du triomphe !

Me sera-t-il permis de dire, dans cet avant-
propos, que les événements ont confirmé dans
une certaine mesure ce que j'écrivais en 1912
sur le rôle de la première bataille dans la
guerre future?

Je cherchais alors à mettre mes lecteurs en

garde contre la théorie de la guerre courte et de la première bataille *décisive*, bien qu'elle fût soutenue par de hautes autorités, en France comme en Allemagne. Le général de Schlieffen, qui a été, depuis la disparition du grand Moltke jusqu'à l'avènement du duumvirat Hindenburg-Ludendorff, le seul chef du grand État-major allemand vraiment digne de ce poste, dans une série d'articles retentissants, publiés en 1909, limitait intrépidement la durée de la guerre à celle de la première bataille. En France, les rédacteurs de la *Conduite des grandes unités*, sorte de bréviaire de la stratégie française, paru en octobre 1913, insistaient sur la nécessité de la guerre courte :

« Dans la forme actuelle de la guerre, l'importance des masses mises en œuvre, les difficultés de leur réapprovisionnement, l'interruption de la vie sociale et économique du pays, tout incite à rechercher une décision dans le plus bref délai possible, en vue de terminer promptement la lutte. La bataille décisive, exploitée à fond, est le seul moyen de faire plier la volonté de l'adversaire. »

Enfin, pourquoi ne pas le dire? Le maréchal Foch a une gloire assez pure et assez éclatante pour pouvoir se passer de thuriféraires. Dans son livre intitulé : *Les Principes de la guerre,* à côté d'une quantité de maximes profondément justes, et que le maréchal a l'immense mérite d'avoir magistralement appliquées au cours de la guerre, on lit ceci : « Les armées que nous mettons en mouvement sont des armées de civils arrachés à leur famille. La guerre apporte la gêne avec elle, la vie cesse, d'où la conséquence que la guerre ne peut durer longtemps. »

Me rangeant modestement derrière le général Langlois, j'écrivais dans le *Journal des Débats,* en août 1912 :

« Assurément, il y a un avantage énorme à ce que la première bataille soit une victoire. Mais aurions-nous donc monté depuis quarante ans cette machine de guerre qui, pour avoir bien des défauts, n'en est pas moins formidable, qui met en œuvre toutes les forces vives de la nation, pour la faire servir à livrer *une* bataille en Lorraine?... Autant qu'il est permis de faire des prédictions en pareille matière, on peut estimer que cette première bataille ne commencera vraiment qu'une quinzaine de jours après la déclaration de guerre, c'est-à-dire avant que la concentration russe soit achevée, et durera bien, poursuite comprise, une autre quinzaine. *En tout état de cause, elle ne sera pas décisive.* Si le sort nous est contraire, en admettant même que nous n'ayons pas alors le réconfort d'un succès maritime ou d'un événement heureux dans l'Europe orientale, nous nous préparerons à une nouvelle lutte dans une autre région de notre territoire, sur la Loire moyenne ou ailleurs ([1]). »

Or, dans la relation qu'il a donnée des quatre premiers mois de la guerre, le G. Q. G. intitule comme suit trois chapitres :

Échecs français : 2-26 août.

Préparation de l'offensive : 26 août-5 septembre.

Victoire de la Marne : 6-13 septembre.

J'avais été seulement trop pessimiste en parlant de la Loire moyenne, au lieu de la Marne, pour le rétablissement des armées françaises.

---

(1) Voir plus loin, p. 50.

LE
REVERS DE 1914

ET SES CAUSES

PREMIÈRE PARTIE

LA PRÉPARATION D'AVANT-GUERRE

Dans une intention louable, pour mieux prouver une agression qui était pourtant assez évidente pour se passer de démonstration, notre presse n'a cessé de répéter, au cours de quatre années de guerre, que l'Allemagne nous avait surpris en plein rêve de paix perpétuelle, et obligés à une lutte à laquelle nous ne nous étions pas préparés. A force de lire ces sottises, la foule a fini par y croire. La vérité est cependant que, depuis 1871, la France a fait, pour se protéger contre la puissance de proie qu'était sa voisine, tout l'effort qui était humainement possible, *étant donné son détestable régime politique, engendré lui-même par un état social inquiétant.* Et si un fait est surprenant, ce n'est pas qu'en 1914 notre organisme militaire ait présenté tous les points faibles que je vais énumérer, c'est au contraire qu'après un demi-siècle de haines de classes, attisées par des politiciens sans vergogne, nous ayons pu aligner une armée qui s'est révélée supérieure à toutes les armées d'Europe, hormis, hélas ! l'armée allemande. Dans la terrible course aux armements qui a marqué la fin du XIXe siècle et le commencement du XXe, nous n'avons été distancés, et pas de beaucoup, que par un seul pays, à qui une structure sociale très solide, le génie de l'organisation et une population presque double de la nôtre donnaient de formidables atouts. Le résultat, tout à l'honneur de notre race, que nous avons obtenu était tellement improbable que personne en Europe ne le soupçonnait. L'injuste discrédit où nous étions tombés a même été une des causes profondes de la guerre.

Il existe en France un parti dont les trois caractéristiques sont d'être peu nombreux, honnête et d'une intelligence moyenne, politiquement parlant. On l'affuble du nom de « conservateur », bien qu'à vrai dire on se demande ce qu'il peut encore avoir à conserver. Ses représentants au Parlement, suivant qu'ils siègent un peu plus ou un peu moins à droite, ne manquent aucune occasion d'invectiver contre la République, ou simplement contre les ministres en fonctions. Ils croient avoir dé-

couvert le secret de nos faiblesses et attaquer le
mal à la racine en s'en prenant à la forme du gouvernement ou à la piètre façon dont il est exercé.
Un vieil adage, profondément vrai, dit pourtant
qu'un peuple n'a jamais que le gouvernement
qu'il mérite. Et il faut que le pont aux ânes de
la sociologie soit aussi complètement ignoré qu'il
l'est encore pour qu'on voie attribuer tant d'importance à l'étiquette monarchie ou république.
De même qu'un bossu ne fait pas rentrer sa bosse
en endossant une redingote au lieu d'un veston,
de même un peuple ne guérit pas ses maux sociaux
en adoptant la forme monarchique. Quand on ne
sort pas du domaine de la théorie, on peut prétendre que cette forme présente sur la républicaine
des avantages indiscutables. Mais c'est à la condition expresse qu'on ait affaire à une dynastie ayant
conservé dans le pays des attaches profondes ou
au moins du prestige. Dans le cas contraire, le
bénéfice de la forme monarchique devient tout à
fait aléatoire.

Il est déjà beaucoup plus raisonnable de s'en
prendre au principe même de la démocratie, telle
qu'elle est comprise chez nous et dans la plupart
des pays latins. Encore faut-il se garder de prendre
ici l'effet pour la cause. A moins de faire fi des
enseignements les plus clairs de l'histoire, on doit
convenir que toute nation atteignant un certain
âge parvient au stade démocratique. Il y a là un
phénomène social aussi fatal que l'apparition des

cheveux gris sur la tête d'un homme de cinquante
ans, et contre lequel il serait puéril de s'insurger.
Les bons observateurs n'avaient pas attendu la
défaite des Allemands et leur révolution de 1918
pour constater que l'Allemagne se démocratisait.
La victoire de 1870 lui avait donné la grande
richesse; or la grande richesse, entraînant la recherche passionnée du bien-être et, simultanément, la
diminution du sentiment religieux, prélude toujours à l'avènement de la démocratie.

La poussée démocratique est plus ou moins
rapide et plus ou moins forte suivant le tempérament du peuple et le développement de sa
richesse. Elle a été particulièrement violente en
France, à cause de notre caractère naturellement
indiscipliné et d'une énorme richesse acquise. A
ces causes il convient d'ajouter la carence de ceux
que Le Play appelait les « autorités sociales » et
l'influence délétère des intellectuels de tout poil
qui, depuis le XVIIIe siècle, ont tout fait pour
déchristianiser petits bourgeois, ouvriers et paysans. C'est quand ce mal immense a été fait que
les politiciens ont trouvé le bouillon de culture
propre à leur foisonnement. Une fois le frein religieux supprimé, les ouvriers démoralisés par les
conditions d'existence auxquelles les condamnait
la grande industrie, et les paysans, assoiffés d'égalité, ont été leur proie. Le pays était mûr pour la
lutte de classes et pour les surenchères démago-
giques. Par voie de conséquence, à partir de 1848,

le régime démocratique latin s'installait définitivement en France, c'est-à-dire que notre gouvernement devenait alternativement anarchique et
césarien.

Croire qu'on remédiera au mal en changeant la
façade de nos institutions politiques, c'est vouloir
guérir une jaunisse en barbouillant de rouge le
visage du patient. Le salut ne peut venir que d'une
réforme morale, de la résurrection de l'esprit chrétien, de la restauration de la famille, constamment
sacrifiée à l'individu par nos législateurs, le tout
devant engendrer la paix sociale.

C'est pour n'avoir pas connu cette paix sociale,
de 1871 à 1914, que la France a été si mal préparée à la guerre étrangère (¹).

Le ministère de la Guerre.

De 1871 à 1914, dans l'espace de quarante-trois
ans, le ministère de la Guerre a changé *quarante
et une fois* de titulaire. Ce sera la honte du régime.

---

(1) Il est assez plaisant d'entendre dire que l'issue de la guerre
mondiale a été le triomphe des démocraties et prouve l'excellence
de leur régime. On devrait pourtant ne pas oublier qu'il a fallu
plus de quatre ans de guerre et la plus formidable des coalitions
pour venir à bout de l'Allemagne, qui n'avait à ses côtés que des
puissances de deuxième et de troisième ordre; ne pas oublier
qu'au cours de cette guerre nous avons été plusieurs fois en danger
de mort, et que si l'Amérique n'avait pas, en fin de compte, jeté
son poids formidable dans la balance, les événements auraient
peut-être pris une tout autre tournure.

Trente-huit personnages différents s'y sont succédé, dont un très petit nombre étaient dignes du poste. On peut se demander si les autres étaient coupables d'avoir assumé une pareille charge, ou simplement inconscients. Croyaient-ils ou non à la guerre? Je suppose que la majorité d'entre eux étaient suffisamment intelligents pour se douter qu'elle éclaterait un jour ou l'autre, mais qu'ils étaient en même temps persuadés qu'à moins d'une malchance extraordinaire ils auraient le temps d'être renversés avant l'heure solennelle de la mobilisation, qu'en conséquence ils auraient été bien sots, en présence d'une éventualité redoutable, mais très hypothétique, de ne pas accepter le portefeuille de la Guerre, avec autant d'insouciance que celui des Travaux publics ou de l'Agriculture. La rue Saint-Dominique est un séjour enviable quand on n'y reste pas trop longtemps, parce que le pouvoir qu'on y exerce est énorme. Quant à la responsabilité ministérielle, qui est à la base de notre Constitution, il ne convenait pas de la prendre au tragique. Le pire qui pût arriver était d'être remercié à la suite d'un ordre du jour défavorable, et la règle du jeu est que le successeur se montre toujours plein d'indulgence pour celui qui l'a précédé dans la carrière. On s'explique donc que, sauf de très rares exceptions, une mentalité de « touriste » ait été celle des ministres dont les lois et règlements militaires faisaient les chefs de l'armée.

Cette observation est aussi vraie pour les généraux que pour les civils qui ont été ministres de la Guerre. Au reste, les premiers, surtout dans les quinze années qui ont précédé la guerre, n'ont pas brillé. Pris la plupart du temps parmi des officiers généraux de second ordre, poussés au pouvoir par des amitiés politiciennes, ils se montraient encore plus dociles aux injonctions des partis d'extrême gauche que les ministres civils appartenant au Parlement, chefs de groupes parlementaires, et possédant par là même une certaine autorité sur leurs collègues.

Cet état d'esprit explique le peu de résistance que le ministre opposait soit aux exigences des parlementaires, soit aux demandes impératives de son collègue des Finances pour la compression du budget de la Guerre. Ces demandes, dans les années qui ont précédé la guerre, étaient devenues de plus en plus pressantes à cause des embarras financiers où nous jetaient nos expériences sociales, et aussi du vent d'antimilitarisme qui soufflait dans le pays.

Il n'est que juste de dire que l'impuissance d'un ministre, souvent incompétent et toujours éphémère, était encore accrue par la déplorable organisation de l'Administration centrale. Alors que le ministre de la Guerre allemand n'avait que quatre subordonnés immédiats (1), le nôtre devait

---

(1) Quatre généraux respectivement à la tête : du département central, du département général de l'Armée; du département de

diriger *quatorze* organes différents et indépendants les uns des autres (¹). L'Administration centrale apparaissait donc comme un monstre à quatorze têtes, travaillant chacune pour son compte, et dont le ministre était incapable de coordonner les efforts. C'est dans cette organisation chaotique que résidait la vraie cause de ces discordances, de ces lenteurs d'exécution, de cette paperasserie foisonnante qu'on signalait perpétuellement sans remonter jamais à la racine du mal.

Pour se tirer de cette inextricable situation, le ministre avait cherché un élément centralisateur pour la présentation du budget aux Chambres, et avait cru le trouver dans la Direction du Contrôle, qui était devenue l'intermédiaire entre son administration et le Parlement et avait acquis de la sorte une véritable prépondérance. Je me garderai bien d'attaquer un corps dans lequel se rencontrent des hommes d'une très haute valeur, mais je puis bien dire que les errements suivis rue Saint-Dominique les faisaient sortir tout à fait

---

l'Administration de l'armée; du département des Pensions et Secours et de la Justice militaire.

L'Empereur lui-même avait trois subordonnés immédiats : le chef du Cabinet militaire (chargé de l'avancement des officiers); le chef du grand État-major, à qui incombait la préparation à la guerre; le ministre de la Guerre, administrateur de l'armée.

(1) En voici l'énumération : État-major de l'armée; Direction de l'Infanterie, de la Cavalerie, de l'Artillerie, du Génie, de l'Intendance, des Poudres et Salpêtres, du Service de Santé, des Troupes coloniales; du Contrôle, du Contentieux et de la Justice militaire, des Écoles; Service intérieur; Cabinet du ministre.

de leurs attributions. Les contrôleurs qui, aux termes mêmes de la loi de 1882, avaient pour mission d'exercer leur surveillance sur l'emploi des fonds mis à la disposition du ministre, devinrent en réalité les dispensateurs de ces fonds, réduisant les allocations demandées par les services, et ne pouvant guère le faire en connaissance de cause, puisqu'ils n'étaient pas l'émanation du commandement. Souvent des crédits de première importance pour la défense nationale étaient rejetés, tandis que d'autres, peu justifiés, étaient admis. L'histoire de nos budgets militaires d'avant-guerre est lamentable.

Le commandement.

Un des grands crimes de notre régime politique a été d'oblitérer le sens du commandement. L'absence d'une autorité supérieure, permanente et respectée parce que compétente, la crainte des campagnes de presse dans les grands organes parisiens ou des dénonciations dans les petites feuilles de province, avaient fait les chefs, à tous les degrés de la hiérarchie, timides et hésitants. L'injurieux décret sur les préséances était d'ailleurs bien propre à les rendre modestes. De plus, ils vivaient sous la menace perpétuelle d'une « histoire ». Les officiers énergiques finissaient toujours par en avoir une qui leur coûtait leur situation, si bien que peu à peu beaucoup de grands postes étaient dévolus à des hommes sans caractère.

Même parmi ceux qui étaient foncièrement honnêtes et qui ne devaient pas leur élévation à l'intrigue (il s'en trouvait encore), prévalait la conviction que le premier devoir d'un militaire est l'obéissance passive, que les lois de la discipline sont les mêmes pour un commandant de corps d'armée, ou pour le directeur d'un grand service, que pour un caporal d'escouade. C'est ainsi qu'on entendait le grand dogme politique du régime, à savoir la subordination du pouvoir militaire au pouvoir civil. Dans la mémorable séance du Sénat du 13 juillet 1914, sur laquelle je reviendrai plus loin, M. Messimy, alors ministre de la Guerre, disait : « Je causais hier avec un officier général qui a longtemps occupé au ministère une haute situation, je lui disais : Comment, pendant dix ans, n'avez-vous pas réclamé pour l'outillage des crédits plus importants? Il me répondait : — Je les ai demandés, réclamés à plusieurs reprises, mais mon métier de soldat est d'obéir et je ne pouvais récriminer contre l'ordre formel qui m'était donné de réduire de 50, 60, 80 % la dotation de mes services. » La plupart des collaborateurs dont s'entouraient les ministres avaient la même mentalité :

> *...video meliora proboque,*
> *Deteriora sequor...*

Le système d'avancement inauguré depuis les ministères Galliffet et André avait aggravé singulièrement le mal. Je suis, certes, le premier à reconnaître que les omnipotentes commissions de classement qui décidaient du sort des officiers avant l'arrivée au pouvoir du général de Galliffet n'avaient pas donné des résultats merveilleux. J'ai vu d'assez près le fonctionnement de ces commissions pour n'avoir pas d'illusion à leur égard. Les choix étaient le plus souvent déterminés par le souci de ne pas léser les droits acquis par de longs et loyaux services; quelquefois aussi, il faut bien le dire, on constatait des marchandages entre les membres du Conseil supérieur ou les commandants de corps d'armée. « Appuie mon candidat, et j'appuierai le tien. » Le résultat était l'accession aux hauts grades d'officiers trop uniformément vieux, souvent insuffisants, mais très généralement honorables et respectés.

Le jour où le nouveau régime, imprudemment inauguré par Galliffet, fut appliqué par un homme comme André, ce fut la débâcle. Les promotions scandaleuses commencèrent, à tous les échelons. Mais le scandale ne fut public que pour l'attribution des hauts postes. Et quand un ministre réparateur, comme M. Millerand, eut introduit un peu de bon sens et d'honnêteté dans le choix des grands chefs, on crut que tout était sauvé. C'était une grave erreur. Entre temps, les obscurs petits officiers qui avaient franchi à pas de géant les grades subalternes, grâce à leur talent d'arrivistes, parvenaient à proximité des étoiles et mettaient le ministre dans le plus cruel embarras quand il s'agissait de pourvoir aux vacances du haut commandement. Quelques mois avant la guerre, un officier de la plus haute valeur, qui était en situation de voir les choses de près, me disait : « On ne sait plus où trouver des généraux de division. » Pour en trouver en effet, il a fallu la guerre, entraînant forcément la mise au rancart des incapables et imposant des chefs dont les pratiques du temps de paix n'auraient jamais permis l'élévation.

Comment s'étonner dès lors de l'effrayante statistique du mois d'août 1914? Dans le premier mois de la guerre, il a fallu relever de leur commandement :

2 généraux d'armée;

7 généraux de corps d'armée (dont 2 de corps d'armée frontières);

20 généraux de division d'infanterie;

4 généraux de division de cavalerie.

Total : *33 généraux*, sans descendre au-dessous des commandants de division! Dans certains corps d'armée, le commandant du corps d'armée et ses deux divisionnaires ont dû disparaître! Quelle critique plus sanglante peut-on faire de la façon folle, sinon criminelle, dont l'avancement avait été administré en temps de paix?

Une autre faiblesse du commandement, que je ne puis passer sous silence, tient à notre tempérament de Français. Le Français, officier ou fonctionnaire, est à la fois extrêmement consciencieux et pénétré de cette croyance que les affaires ne sont jamais mieux traitées que par lui-même. Il en résulte qu'à tous les degrés de la hiérarchie, le chef veut tout faire par lui-même et se méfie de ses subordonnés. Il ne sait pas faire le départ du travail qu'il doit se réserver à lui-même et de celui qu'il doit abandonner à ses inférieurs, quoique ce soit là la plus importante de ses prérogatives. Il est juste de dire, en ce qui concerne les officiers de troupe, que ces derniers, assez mal secondés par un cadre de sous-officiers souvent insuffisants, avaient pris dès le grade de lieutenant l'habitude d'entrer dans une foule de détails qui n'étaient pas de leur ressort; or, quand on a contracté de pareilles habitudes jusqu'à l'âge de trente ans, et au delà, on les conserve toute sa vie. Quoi qu'il en soit, le chef français est éternellement noyé dans le détail, et toujours débordé, la journée n'ayant que vingt-quatre heures pour lui comme pour tout le monde. Trop souvent incapable de se réserver le temps nécessaire pour *méditer*, et par conséquent pour *prévoir*, il expédie sa besogne au jour le jour et risque toujours d'être pris au dépourvu par l'événement du lendemain. Un travail lui est-il présenté, il croirait manquer à sa fonction s'il ne le retouchait pas, s'il ne corrigeait pas la « minute », souvent pour des vétilles insignifiantes. C'est la véritable cause des lenteurs dont tout le monde se plaint, qu'il s'agisse d'une administration civile ou militaire, du temps indéfini que demande la moindre question pour aboutir.

Malheureusement on s'imagine que le mal vient, non pas de l'individu, mais d'une organisation défectueuse. On incrimine une centralisation excessive, on raille les cascades de la voie hiérarchique. Le respect de cette dernière est pourtant la seule garantie contre le désordre (1). Et on réorganise, on réforme à tour de bras (2). Les choses n'en marchent pas mieux,

---

(1) J'ai servi dans ma jeunesse dans un groupe de batteries à cheval, qui s'enorgueillit d'avoir compté parmi ses capitaines le maréchal Foch et qui était alors commandé par un chef remarquable, le chef d'escadron Paul Durand, mort général de division, après avoir eu sous ses ordres pendant la guerre un groupe de divisions de réserve. Il était un fanatique de la voie hiérarchique et se serait cru déshonoré s'il avait donné directement le moindre ordre à d'autres qu'à ses capitaines commandants. Jusqu'à la fin de sa carrière il a maintenu rigoureusement le principe de n'avoir affaire qu'à ses subordonnés immédiats; il a partout obtenu des résultats remarquables. Orientation parfaite de son personnel, rapidité d'exécution, jamais d'à-coup ni de contre-ordre, ni par conséquent de désordre. Sous un autre régime, il serait devenu un des grands chefs de notre armée et il en aurait été digne. Aucun des officiers qui l'ont connu ne me démentira.

(2) Un exemple dans l'ordre judiciaire : il y eut une époque où la mauvaise sélection des juges d'instruction amena des scandales. On décida qu'un inculpé ne pourrait plus être interrogé qu'en présence de son défenseur. On connaît les inconvénients de ce nouveau système.

parce que la plupart du temps ce n'est pas l'institution qu'il faut réformer, mais la mentalité de l'individu et ses méthodes de travail.

Les nombreux ordres allemands, capturés au cours de la guerre sur les prisonniers ou dans les tranchées conquises, permettent une curieuse comparaison avec les nôtres. Un ordre allemand oblige toujours le subordonné qui le reçoit à une étude. Il n'est jamais transmissible tel quel à l'échelon inférieur. Il ne contient que les directives nécessaires pour arrêter les dispositions de détail. Un ordre français coûte beaucoup moins de peine à transmettre. L'autorité supérieure, pour être plus sûre d'être ponctuellement obéie et d'obtenir l'uniformité voulue, entre dans les plus minutieux détails, prévoit ou croit prévoir tout; c'est souvent un véritable guide-ânes. La besogne de l'échelon intermédiaire est singulièrement facilitée. Les trois quarts du temps, il suffit de recopier intégralement le document et d'écrire au bas la fatidique mention : « Notifié pour exécution. »

Il n'y a qu'un malheur. C'est que, le plus souvent, le destinataire final constate que les prescriptions dont le menu lui est imposé sont radicalement inexécutables, l'autorité supérieure étant trop haut ou trop loin pour apprécier les contingences et les possibilités de la petite unité qui doit exécuter. Ce sont alors des appels désespérés, et qui doivent naturellement remonter jusqu'à l'organe émetteur, seul qualifié pour abroger ou amender l'ordre.

Ce vice du commandement, qui a toujours existé en France, est devenu beaucoup plus grave de nos jours, à cause de l'énormité et de la complexité des rouages à mettre en mouvement. Il est très vrai que Napoléon, dans ses ordres, ne dédaignait pas les minuties. Mais, d'abord, il était Napoléon; le génie a des grâces d'état et ne connaît pas les écueils où tombent les simples mortels. Et puis Napoléon, du moins au beau temps de sa vie, avait pour instrument de guerre une armée de 200.000 à 300.000 hommes, articulée en corps d'armée. Déjà en 1812, quand il a inauguré la guerre d'armées, sa méthode a commencé à se trouver en défaut. L'Empereur s'impatientait de ne pouvoir être partout et de voir commettre des fautes là où il n'était pas. De nos jours, il est matériellement impossible, même à un homme de génie, de ne pas commander de haut. Je ne prétends pas d'ailleurs qu'au cours de cette guerre les ordres d'opérations, émanant de notre haut commandement, n'aient pas été ce qu'ils devaient être, c'est-à-dire des ordres généraux. Je fais allusion à la somme formidable d'ordres particuliers issus de tous les échelons hiérarchiques.

Le moral et l'instruction.

Le moral de l'armée française a été détestable dans les années qui ont immédiatement suivi l'affaire Dreyfus. Les développements pris par cette affaire n'ont d'ailleurs été possibles que parce que l'esprit du pays, qui commençait à trouver trop lourd son fardeau militaire, était devenu lui-même mauvais et n'avait besoin que d'une occasion pour se manifester. Si nous n'avions pas eu l'affaire Dreyfus, nous en aurions eu une autre, fatalement. Toujours est-il que les honteuses pratiques de délation, mises en honneur par le ministère André, avaient dissocié un corps d'officiers naguère fort uni. En même temps, les réclamations haineuses contre les chefs de corps qui persistaient à demander à leurs troupes les efforts nécessaires à l'instruction et à l'entraînement, les dénonciations contre les officiérs coupables d'avoir lésé les droits de la recrue X, du réserviste Y ou du territorial Z, se multipliaient dans les petits journaux de province, se répercutaient dans les feuilles parisiennes d'extrême gauche, et brisaient la carrière d'officiers de haute valeur (¹). Bref, la physionomie

---

(1) Un exemple entre mille : sous le ministère Noulens, le colonel d'un régiment du Midi, qui avait de magnifiques états de service, fut mis à la retraite d'office contre toute justice, sur les injonc-

de notre armée devenait si inquiétante pour la France que les gens d'Outre-Rhin poussaient déjà des cris de triomphe et passaient à une politique franchement agressive. Ce fut notre salut. En présence des provocations de Casablanca et d'Agadir, notre pays se ressaisit. Les lois militaires allemandes de 1912 et de 1913 firent le reste. Une fois de plus nous prouvâmes au monde que des agitations qui auraient été mortelles à d'autres peuples étaient impuissantes à nous détruire, et avec un courage admirable nous nous imposâmes en 1913 la loi militaire la plus draconienne à laquelle une nation se fût jamais soumise.

Mais si l'admirable ressort français était capable de relever notre moral avec une singulière rapidité, une série d'erreurs avaient porté à l'instruction de l'armée un coup funeste. A ce point de vue, la loi de 1905, instituant le service de deux ans, rendant très difficile la formation des cadres subalternes, ne laissant au commandement d'autres ressources que celles de sous-officiers rengagés insuffisants en nombre et en qualité, avait été néfaste (¹). D'autre part, le laisser-aller in-

---

tions de l'*Humanité*. Cet officier s'est conduit en héros durant toute la guerre, qu'il a finie commandant de corps d'armée et grand officier de la Légion d'honneur.

(1) Je rappelle que cette désastreuse loi de deux ans est imputable à tous les partis politiques, à ceux de droite comme à ceux de gauche. Tous ont fait assaut de surenchère électorale. Au vote final, 27 députés seulement ont eu le courage de voter contre! 27 sur 560.

troduit dans un grand nombre de régiments par des chefs de corps partisans convaincus du « pas d'histoire » ne permettait que des résultats médiocres.

Dans l'infanterie, certaines parties de l'instruction, celles qu'on ne peut contrôler aux manœuvres d'automne, étaient complètement négligées. Je ne m'avance pas beaucoup en disant que dans bien des régiments les recrues incorporées en octobre 1913 sont parties en guerre le mois d'août suivant sans avoir jamais remué une pelletée de terre ni creusé la moindre tranchée-abri. L'infanterie avait d'ailleurs adopté en 1904 un règlement dont l'application donna des mécomptes. Les rédacteurs de ce règlement avaient prétendu développer l'esprit d'initiative et de décision, donner plus d'élasticité et de variété aux procédés de combat, proscrire impitoyablement les schémas, n'indiquer que le but à atteindre et laisser toute liberté sur le choix des moyens. Mais leur ouvrage était un guide insuffisant, du moins en ce qui concerne le combat aux courtes distances, et je me souviens qu'un officier étranger me disait : « Nous nous inspirons de votre règlement, mais nous nous gardons bien de le copier, car nous serions fort embarrassés pour l'appliquer. » A la veille de la guerre, en juin 1914, un nouveau règlement avait paru, précisant les procédés de combat, de façon que les cadres subalternes fissent un meilleur usage de l'initiative qui leur était si largement accordée. Mais durant dix ans, les corps d'infanterie, laissés à peu près à eux-mêmes et devenus des champs d'expérience, n'étaient pas comparables entre eux, les uns excellents, les autres au-dessous du médiocre. Ils n'étaient donc pas interchangeables, ce qui est une grande cause d'infériorité dans la guerre actuelle où il est de toute impossibilité, alors même qu'on aurait des missions particulières à leur donner, de constituer des divisions ou des corps d'armée d'élite, encore moins des armées d'élite. Les nécessités de la concentration initiale, l'obligation de tirer le meilleur parti possible des lignes de transports stratégiques, ont abouti forcément, au mois d'août 1914, à la constitution d'armées qui n'étaient nullement homogènes. Certaine, que je ne veux pas nommer parce que je n'entends faire ici que les citations indispensables, contenait bien ce que nous avions de meilleur et de plus médiocre en fait de corps d'armée.

Cette fâcheuse infériorité n'était pas passée inaperçue en Allemagne. Je rappellerai une conversation caractéristique qu'un de nos officiers d'état-major, au cours d'un voyage en Allemagne, très peu de temps avant la guerre, avait eue avec un officier d'infanterie prussien : « Nous admirons beaucoup votre armée, lui disait ce dernier, mais nous croyons que notre grande supériorité réside dans la méthode d'instruction et dans l'application de la méthode. La nôtre date de soixante-dix ans, elle a subi les épreuves de 1866 et de 1870. Elle n'est pas transcendante, mais elle est solide, simple et convient au tempérament de la race. Nous avons le culte de la discipline, nous pratiquons l'énergie et nous l'exigeons avec une volonté féroce. Nous voulons des hommes et des cadres *interchangeables*, à cause de l'importance de l'élément réserviste dans les armées modernes. Vous me direz que c'est l'égalité dans la médiocrité. C'est possible; mais si nous n'avons pas dans un régiment telle compagnie modèle qu'on exhibe au général inspecteur pour le service en campagne ou pour le maniement d'armes, nous n'avons pas non plus la compagnie... pétaudière. Nous ne voulons pas que les régiments soient, comme chez vous, des champs d'expérience. Pour les expériences nous avons dans toute l'armée l'unique bataillon d'instruction, le *Lehr-Bataillon*, où nous convoquons nos cadres quand il s'agit de réglementer un procédé nouveau. Dans les régiments le colonel n'est que le dépositaire de la méthode. Il instruit et oriente son corps d'officiers; s'il se montre inférieur à cette tâche, il ne conserve pas longtemps son commandement. Le capitaine dresse ses cadres et les sélectionne avec soin. L'exécution est affaire aux cadres subalternes. Nous ne développons pas chez eux de brillantes qualités individuelles, nous ne voulons que des sous-officiers bons instructeurs, des soldats vigoureux et attentifs. En France, vous vous représentez ces derniers comme des lourdauds terrorisés, vous avez tort (¹). »

Les lacunes d'instruction que présentaient nos corps actifs étaient encore plus visibles dans nos formations de réserve. Digne pendant de la loi de deux ans, la réduction des périodes d'exercice à dix-sept jours, dont il ne fallait pas compter plus de dix ou douze susceptibles d'être utilement employés, et les nombreux sursis ou exemptions qui dispensaient des convocations au moins 25 % du contingent normal des réserves, permettaient à peine de remettre la troupe en main, et laissaient les régiments de réserve constitués par la loi de 1908 en état d'infériorité marquée. Quand les adversaires de la loi de trois ans prétendaient qu'avec « de solides et inépuisables réserves » la France n'avait pas besoin de se saigner à blanc pour son armée active, ils se livraient simplement à un exercice de médiocre rhétorique. De fait, notre État-major de l'armée n'a jamais pu envisager nos divisions de réserve que comme des unités susceptibles de remplir, au début des opérations,

-----

(1) J'avais moi-même indiqué dans une étude faite en 1912, après avoir assisté aux manœuvres impériales de cette année, que nous n'estimions pas à sa juste valeur le troupier allemand, et qu'au contraire nous avions de l'officier allemand, et surtout du haut commandement, une idée exagérée. La guerre ne m'a pas fait changer d'opinion.

certains rôles secondaires, analogues à celui qui avait été attribué à une de ces divisions de réserve aux grandes manœuvres de 1912. On sait qu'à la mobilisation, il en avait formé des groupes, placés sous les ordres des commandants d'armée pour des missions particulières. Le grand malheur est que nous nous sommes figuré que les Allemands seraient obligés d'en user de même avec leurs corps de réserve, et cette erreur a eu les plus graves conséquences, ainsi que je le montrerai plus loin.

Je n'insisterai pas sur le degré d'instruction de l'artillerie et de la cavalerie. La première commençait à être terriblement gênée par une crise dans le recrutement de ses officiers. On avait tout fait pour détourner de cette arme les éléments excellents qui lui avaient donné une haute valeur. Une carrière très bornée, à cause d'une administration déplorable de l'avancement, des passe-droits multipliés, un service décevant dans trop de régiments mal commandés, avaient à peu près tari les sources du recrutement. Les jeunes gens sortis de Polytechnique étaient de plus en plus attirés vers des professions civiles plus séduisantes et, à la veille de la guerre, ne formaient plus que la petite minorité des lieutenants. En présence de vides que les élèves de Versailles étaient incapables de combler, il avait fallu faire appel à des officiers d'infanterie. L'extrême pénurie d'hommes et de chevaux, due à la loi organique de 1909 qui avait multiplié les batteries, mais des batteries squelettes, était aussi un gros obstacle à une bonne instruction. Néanmoins l'excellence du matériel de 75, la survivance de traditions encore solides, et la diffusion d'une doctrine tactique due à quelques officiers remarquables, faisaient de l'artillerie de campagne française une arme redoutable. Je ne dirai rien de l'artillerie de gros calibre, toujours considérée comme la parente pauvre de l'artillerie de campagne, où tout était à faire, tant au point de vue de l'instruction qu'à celui du personnel.

Quant à la cavalerie, quoique fort atteinte par la loi de deux ans, elle s'était maintenue à un niveau satisfaisant, grâce à sa richesse en officiers et en sous-officiers rengagés. Cette arme était d'ailleurs destinée à ne jouer qu'un rôle effacé, tant à cause des conditions de la guerre moderne que des folles idées qui régnaient en haut lieu relativement à son emploi, et sur lesquelles je reviendrai.

Les manœuvres d'armées de 1913, auxquelles avaient participé des corps d'armée du Centre et du Midi et des troupes coloniales, avaient donné un son de cloche inquiétant. Des assauts en formation compacte, sans préparation suffisante, une artillerie dispersée à l'excès, des fractions importantes de cavalerie et d'artillerie surprises dans des conditions qui rendaient leur négligence peu excusable, ont été, au cours de ces manœuvres, des incidents qui se sont douloureusement reproduits dans les premières semaines de la guerre.

La préparation matérielle.

Un gouvernement aussi mouvant que les sables de la mer, une administration centrale chaotique, un budget militaire de plus en plus étriqué à mesure que le champ des expériences sociales s'agrandissait, nous mettaient, pour la préparation matérielle de la guerre, dans un état d'infériorité marquée vis-à-vis de l'Allemagne.

On sait que dans ce dernier pays les grandes lignes de l'organisme militaire étaient établies par des lois successives, votées chacune pour une période déterminée et d'une durée assez longue. Cette période a d'abord été un septennat, puis un quinquennat à partir de 1893, correspondant à l'intervalle des recensements de la population ainsi qu'à la durée des législatures du Reichstag. Les avantages de cette méthode étaient évidents. Elle permettait une stabilité des dépenses impossible chez nous où elles étaient chaque année remises en question lors du vote du budget. Les créations décidées en Allemagne étaient échelonnées d'après leur ordre d'urgence et réparties entre les différents exercices de la période quinquennale, suivant les ressources financières. Tous les cinq ans, les propositions du Gouvernement donnaient lieu, dans la presse et dans le Parlement, à des discussions qui n'avaient pas l'ampleur démesurée qu'elles prennent dans les pays réellement parlementaires, mais qui n'en donnaient pas moins des indications utiles sur les intentions des autorités militaires et sur les tendances des partis politiques. Le grand État-major avait d'ailleurs l'habileté d'amorcer toujours, dans chaque loi quinquennale, une grosse réforme, dont l'achèvement était demandé cinq ans plus tard. C'était une manière de reprendre tout naturellement la conversation, suivant le procédé que le conteur des *Mille et Une Nuits* a rendu célèbre.

Il eût été chimérique de vouloir atteindre en France à une pareille continuité de vues et d'action. Pourtant, aux environs de l'année 1910, quand la crise des effectifs, due à la loi de deux ans, commença à se faire cruellement sentir, on songea à en pallier les effets par un gros effort portant sur la fabrication du matériel de guerre. En 1910, M. Clémentel disait dans son rapport sur le budget de la Guerre : « Un palliatif à la crise des effectifs, qui doit faire l'objet de notre sollicitude, nous est fourni par l'évolution du matériel de guerre des armées modernes vers un outillage toujours plus perfectionné et plus scientifiquement organisé. Les découvertes faites dans toutes les branches de la science et de l'industrie, utilisées en vue des moyens d'attaque et de défense, nous conduisent à des armées de plus en plus scientifiques, et arrivent certainement à diminuer l'importance des gros effectifs dans l'ensemble des facteurs du succès. » Toute cette rhétorique était fort belle. Par malheur, c'était l'Allemagne, avec sa loi quinquennale de 1910, qui marchait à grands pas dans la voie de l'armée « scientifique » préconisée par l'éminent rapporteur.

Pour donner une idée d'ensemble de ce qui se faisait chez nous, je relate ici, d'après l'*Officiel*, l'historique vraiment saisissant fait par M. Messimy à la tribune du Sénat, le 14 juillet 1914, trois semaines avant la guerre, du budget de la 3e section du ministère de la Guerre (Dépenses extraordinaires) :

Lors de la préparation du budget pour 1908, le ministre de la Guerre (général Picquart), dans une lettre du 10 mars 1907, adressée aux Finances, demande 72.308.971 francs pour la 3e section. Le 22 mars, les Finances répondent que la situation financière ne permet pas d'envisager une dotation supérieure à 42 millions.

Le 15 avril, la Guerre insiste, rappelle les critiques formulées en 1906 sur la politique suivie de 1902 à 1905, s'appuie sur les déclarations faites à cette époque, invoque le programme établi. Finalement, le ministre de la Guerre doit se contenter de 57.276.000 francs de budget pour 1908 et de la promesse d'un crédit supplémentaire de 5 millions de francs en 1907, pour acheter par anticipation des matières premières à usiner en 1908. Ce crédit supplémentaire fut demandé, mais réduit par le Sénat à 2.474.000 francs. Quant au crédit budgétaire, il fut porté par le Parlement à 60.260.079 francs.

La Guerre put ainsi disposer de 63 millions en 1908...

L'effort qui n'avait pas abouti complètement en 1907 pour 1908 fut renouvelé en 1908 pour 1909.

La Guerre demanda 74.805.443 francs pour la 3e section; on dut, après lutte, accepter le maintien pur et simple du chiffre de 1908, soit 60.260.079 francs.

Néanmoins, les négociations engagées entre le ministre de la Guerre et celui des Finances eurent un résultat utile; ce dernier accepta, en principe, de porter à 70 millions, dans l'avenir, la dotation de la 3e section. En même temps, il admettait le principe du report à l'exercice suivant des crédits du programme qui n'auraient pas été dépensés à la fin d'un exercice.

Le projet de budget de 1910 fut établi d'après cet accord, et 70 millions furent inscrits à la 3e section. Mais cette dotation ne pouvait être considérée comme suffisante, en présence des besoins nouveaux (Aéronautique notamment).

En mai 1910, le ministre de la Guerre fut dans la nécessité de demander une dotation globale de 94.917.663 francs pour 1911. Il ne put obtenir que 86.214.122 francs.

L'application, pour l'établissement du budget de 1912, de la règle suivie pour 1911, conduisit à une demande de 84.867.174 francs qui fut admise par les Finances.

Mais la revision annuelle du programme avait amené une augmentation considérable des dépenses reconnues nécessaires. La dotation consentie devenait trop insuffisante pour en amener la réalisation dans un délai convenable. En 1911, on dut envisager la nécessité, ou de relever la 3e section, ou d'y ajouter des crédits extraordinaires. C'est à cette solution qu'on s'arrêta après entente officieuse avec les commissions financières; 21.300.000 francs de dépenses furent engagés, en 1912, en dehors des crédits budgétaires.

En y ajoutant les 12.950.000 francs qui furent ouverts par la loi pour l'application du programme de l'Aéronautique, l'Administration de la Guerre disposa, en 1912, de 119.167.174 francs.

Pour 1913, la dotation budgétaire fut de 101.051.374 francs; il demeurait entendu que des dépenses hors budget seraient autorisées.

Mais, lorsqu'il s'agit de fixer le montant des dépenses à engager hors budget, l'importance du chiffre demandé par la Guerre, la constatation de la nécessité de poursuivre cet effort pendant plusieurs années, amenèrent le Gouvernement à envisager l'obligation de recourir à d'autres ressources que les recettes normales du budget.

De là le dépôt du projet de loi dit des 420 millions, ultérieurement relevé et remplacé par celui qui est actuellement en discussion; mais ce ne fut pas sans peine que ce relèvement fut accepté.

Voici une lettre qui établit ce désaccord fréquent entre le département de la Guerre et celui des Finances, désaccord sur lequel je suis obligé d'appeler tout particulièrement l'attention du Sénat.

Cette lettre du ministre des Finances au ministre de la Guerre est datée du 13 mai 1913.

Un premier programme d'accélération de 420 millions avait été soumis au Parlement en février 1913; mais, à la suite des expériences d'Otchakof et du camp de Mailly, le ministre de la Guerre avait trouvé à propos — et je rends hommage à ce sujet à M. Étienne — de faire examiner à nouveau par ses services les besoins de la défense nationale; il avait établi un programme complémentaire d'accélération de 504 millions, ce qui portait à 924 millions les besoins du département.

A la suite de la communication faite le 26 avril au ministre des Finances, ce dernier répondit, à la date du 26 avril 1913 :

« Vous savez, Monsieur le Ministre et cher Collègue, que, comme mes prédécesseurs, je suis disposé à ne marchander aucun des sacrifices qu'exige la sécurité de nos frontières. Mais vous voudrez bien reconnaître avec moi qu'une partie de la puissance du pays réside dans la solidité de ses finances. Nous ne pourrions, sans la compromettre, étendre dans une très large mesure les engagements déjà pris, et je me plais à penser que vous ne vous refuserez pas à reviser, dans le sens d'une réduction très importante, les projets dont vous avez bien voulu me faire part.

« En ce qui concerne les 504.500.000 francs destinés à accroître la dotation de la 3e section du budget de votre département, il résulte des explications échangées au Conseil des ministres, que le Gouvernement ne pourrait accueillir cette proposition à l'heure présente et majorer de plus de 100 % les demandes dont la Chambre n'a pas été saisie au mois de février dernier sans qu'il lui ait été donné l'assurance qu'un examen complet des besoins avait été effectué et que les prévisions avaient été formées en tenant compte de toutes les possibilités de fabrication pour une période de cinq ans.

« Nous ne pourrions donc envisager qu'un simple remaniement du projet de loi tel qu'il figure au rapport de M. Clémentel, et la modification pourrait consister, soit à répartir sur de nouvelles bases entre les divers services les autorisations d'engagement, soit à en relever modérément le total, si la nécessité en est reconnue, et à le porter, par exemple, aux environs de 450 millions de francs. »

Ainsi, alors que le ministère de la Guerre affirmait, après étude complète, après des expériences qui avaient été foudroyantes dans leurs résultats, qu' « il était absolument nécessaire de renforcer encore le matériel, les approvisionnements et l'organisation défensive du territoire et d'engager à ce titre 504.500.000 francs de plus de dépenses non renouvelables », on lui en offrait 30 ! (*Mouvements divers.*)

Cet historique avait été présenté au Sénat le lendemain du jour où le grand metteur en scène, Charles Humbert, avait tiré le coup de pistolet qui avait mis en émoi la mare aux grenouilles parlementaire. Le processus de ces démonstrations est toujours le même. C'est un président de grande commission qui monte à la tribune et, après avoir révélé un état de choses navrant, donne à entendre que la Commission, plus vigilante que le ministre, a fait l'enquête que le ministre aurait dû faire lui-même, et invective contre l'État-major et les bureaux. Des interrupteurs indignés font chorus, comme s'ils entendaient parler de ces choses-là pour la première fois. Ceux qui appartiennent à la droite incriminent la République. Enfin le ministre réplique pour couvrir noblement ses subordonnés, mais déclare que ce n'est pas sa faute non plus... Et on vote un ordre du jour pour inviter le Gouvernement en fonction à inaugurer une ère nouvelle.

Était-ce pressentiment de l'orage prochain? Toujours est-il que le Sénat, le 13 juillet, et la Chambre, le 14, semblèrent vraiment prendre peur des « révélations » du sénateur Humbert. Je transcris ici le récit de cette séance que j'ai fait dans le *Journal des Débats* du 16 juillet. Je n'ai rien à y changer :

« Il faut lire *in extenso* cette séance du Sénat où M. Charles Humbert, croyant prononcer un réquisitoire contre l'Administration de la Guerre et l'État-major, a fait en réalité le procès de cette caricature du régime parlementaire que nous subissons depuis de trop longues années.

« On sait que M. Humbert avait été chargé de rapporter le projet de loi concernant les dépenses non renouvelables que nécessite la défense nationale. Il en a profité pour placer un discours retentissant qui était moins une critique de ce qu'on se propose de faire aujourd'hui qu'une récrimination acerbe contre ce qui a été négligé depuis vingt ans, au point de vue du matériel d'artillerie, des fortifications, de l'outillage technique et de l'équipement des troupes. Il a exagérément poussé au noir certaines parties de son tableau. Mais il estime sans doute que l'optique parlementaire, comme l'optique théâtrale, oblige à faire grimacer les figures pour les rendre expressives. D'autres détails donnés par lui sont exacts, et d'ailleurs bien connus de ceux qui ne sont pas ignorants des choses de l'armée. Reste à savoir si les séances publiques conviennent pour énumérer avec un tel luxe de précision, non seulement les défectuosités actuelles de nos places fortes, mais tous les travaux prévus en première et en deuxième urgence par le programme de 1914. Et pour ne pas être accusé d'être ici le porte-parole du ténébreux État-major, nous citerons deux parlementaires. M. Clémentel écrivait, dans son rapport de 1913 : « Le programme de l'accélération de l'artillerie « constitue un document essentiellement *secret*. » Et M. Bénazet en 1914 : « Dans un document « public nous ne pouvions mettre sous vos yeux « que des justifications sommaires, étant donné le « caractère essentiellement *confidentiel* des amélio- « rations à poursuivre. Les détails ont été soumis à « votre commission qui les a approuvés. » On voit que le programme, d'abord secret, puis confidentiel, est en train de devenir public. Nous avons la faiblesse de le regretter. Cette publicité, dira-t-on, est nécessaire pour faire aboutir les questions. Quelle critique sanglante du régime (¹) !

Puisque le Sénat a eu l'air, avant-hier, de décou-

---

(1) Je n'accusais à cette époque le sénateur Humbert que d'étourderie. On sait que, depuis lors, l'accusation portée contre lui a pu devenir plus grave.

vrir pour la première fois certaines infériorités de notre armement comparé à celui de l'Allemagne, qu'il a fait mine de remonter aux causes et de rechercher les responsabilités, suivant la vieille habitude parlementaire, il n'est vraiment pas difficile d'éclairer sa religion :

« 1º De 1872 à 1895, la France et l'Allemagne ont dépensé chacune pour leur armée 14 milliards. Mais de 1896 à 1912, les dépenses de l'Allemagne ont été de 16 milliards 875 millions, et celles de la France de 11 milliards 418 millions, inférieures par conséquent de 5 milliards 457 millions à celles de l'Allemagne. A quel moment notre défaillance financière a-t-elle été particulièrement sensible? Dans les années 1907, 1908, 1909, c'est-à-dire pendant le ministère de M. Clemenceau, lequel a fait hier au Sénat de belles phrases indignées. Cette veulerie ministérielle n'a d'ailleurs pas été le monopole du Cabinet Clemenceau. La vérité est que, si nous avions voulu nous maintenir à hauteur de l'Allemagne dans les vingt dernières années, il aurait fallu avoir le courage de faire de gros emprunts pour la défense nationale, et aucun de nos ministères éphémères ne s'en souciait, la plupart ne songeant qu'à vivoter au jour le jour.

« On a accusé avant-hier au Sénat l'inertie des chefs de service du ministère de la Guerre. Nous ne nions pas que quelques-uns aient manqué à la fois d'activité et de caractère : le caractère est une qualité qui devient rare dans le régime actuel!

Mais M. Messimy a eu la loyauté de reconnaître que bien souvent, les crédits demandés par les chefs de service étaient impitoyablement amputés. Le processus est toujours le suivant : le ministre de la Guerre élabore son programme, son collègue des Finances le refuse et obtient gain de cause. C'est par ces fourches caudines que M. Messimy a dû passer lui-même en 1911, ainsi que M. Milliès-Lacroix l'a discrètement rappelé. *Si nos pouvoirs publics étaient tant soit peu organisés, un grand programme militaire ne serait pas l'objet d'un colloque entre les ministres de la Guerre et des Finances, mais serait soumis au Conseil de la Guerre et arrêté par lui ;*

« 2° On oublie toujours qu'une quantité de créations étaient impossibles avant la loi de trois ans, puisqu'on n'aurait pas eu d'hommes pour servir le matériel fabriqué. On ne prétendra pourtant pas que c'est « l'État-major » qui a réclamé le service de deux ans sans aucune garantie contre la chute des effectifs. On sait bien que ce sont des politiciens en quête de réclame électorale ;

« 3° MM. Humbert et Messimy ont eu parfaitement raison de dire qu'une foule de questions ne peuvent aboutir, ou n'aboutissent qu'après des délais interminables, par suite de la détestable organisation du ministère de la Guerre. Nous avons assez souvent attiré l'attention de nos lecteurs sur cette réforme primordiale de l'Admi-

nistration centrale (¹). Tant qu'elle n'aura pas
été réalisée, il sera souverainement injuste de
reprocher à l'État-major de ne pas exercer sur les
autres services une impulsion d'ensemble, comme
le voudrait M. Humbert. L'État-major n'a pas
les moyens de le faire;

« 4° Mais, lors même que, dans ces dernières
années, le ministre n'eût connu que trois ou quatre
subordonnés directs et par conséquent eût pu
vraiment faire œuvre de chef, il aurait encore fallu
que ce chef lui-même ne fût pas un oiseau de
passage en perpétuelle migration. Il aurait fallu
ne pas assister, au moment des crises ministé-
rielles, à ces scènes scandaleuses où les politiciens
jouent au volant avec les portefeuilles de la défense
nationale, pour les abandonner parfois à des
hommes que ni leur caractère ni leurs travaux
antérieurs n'ont préparés à des fonctions aussi
redoutables. Sans pouvoir stable et sans esprit de
suite, comment maintenir en bon état d'entretien
ces lourds et compliqués mécanismes que sont
les armées modernes? Si la nôtre est, malgré ses
défauts, un instrument tout à fait redoutable (on
ne saurait trop le répéter), cela tient précisément
à ces collaborateurs du ministre, dont le public
ignore les noms, qui peuvent commettre des
erreurs puisqu'ils ne sont pas dirigés, mais qui
suppléent souvent par leur intelligence et leur

------

(1) Voir plus haut ce que j'en dis.

dévouement à l'absence de direction, et auxquels les parlementaires ont l'audace de s'en prendre de leurs propres fautes (1). »

Parmi les critiques innombrables, un peu décousues, et quelquefois injustes, que le sénateur Humbert avait portées à la tribune, il y avait surtout à retenir celles qui concernaient l'insuffisance de l'approvisionnement en munitions, et l'infériorité lamentable de notre artillerie lourde d'armée.

En ce qui concerne les munitions, le ministre avait répondu qu'on serait paré... en 1915! De fait, on ne peut pas dire que la pénurie de munitions se soit fait sentir dès le début de la guerre. Jusqu'après la bataille de l'Aisne, consécutive à celle de la Marne, on a tiré ce qu'on a voulu. C'est vers la fin de septembre que l'inquiétude a percé. Pendant qu'on faisait la course à la mer, une stricte économie dut être ordonnée, et quand il fut manifeste qu'une grande bataille allait se livrer en Flandre, ce fut la disette de munitions pour le reste du front. Fort heureusement pour nous, les Allemands se trouvaient logés à la même enseigne. Mais, tandis que leur fabrication à l'intérieur allait donner tout de suite un rendement satisfaisant, la nôtre fut extrêmement longue

---

(1) Je ne faisais pas allusion ici aux arrivistes qui peuplent les Cabinets ministériels, mais aux éléments de valeur qui se rencontrent dans les grands services du ministère.

à mettre sur pied, malgré l'intelligente activité de M. Millerand. Cette question de la fabrication des munitions en temps de guerre avait été à peine effleurée par M. Humbert. Il avait bien incriminé l'Administration pour ne pas s'être préoccupée de la constitution de stocks de matériaux, mais il s'était bien gardé de souffler mot de la désorganisation de notre industrie métallurgique, due à la convocation immédiate sous les drapeaux des ouvriers spécialistes. Le grand principe égalitaire auquel les événements de la guerre devaient donner, pour parler comme Cyrano, de si furieuses nasardes, était le dogme sacro-saint, véritable tare de la mentalité française. Quand, plus tard, à force d'intelligence et d'énergie, en faisant appel aux belles qualités françaises qui, malheureusement, attendent souvent les grandes crises pour se manifester, on put reconstituer nos ateliers rendus déserts par la mobilisation, beaucoup de temps s'était écoulé, et notre haut commandement, durant de longues semaines, s'était trouvé paralysé dans ses projets et assailli d'une angoisse légitime.

Je n'attribue pas à la supériorité écrasante de l'artillerie lourde qui accompagnait les armées allemandes une très grande influence sur la bataille des frontières. Assurément, sur bien des points, nos troupes furent ébranlées par ces gros canons, auxquels on ne pouvait répondre, parce qu'ils étaient trop loin et la plupart du temps invisibles.

Trois semaines plus tard, nous n'avions pas davantage d'artillerie lourde et nous battions tout de même les Allemands, grâce à une belle conception stratégique. Il n'en est pas moins vrai que, tactiquement parlant, vis-à-vis des corps d'armée allemands pourvus chacun de seize obusiers lourds de 15^{cm}, nos propres corps d'armée, n'ayant à leur opposer que quelques pièces Rimailho, appartenant organiquement à l'échelon supérieur, à l'armée, avaient piètre figure. Le pis est que beaucoup de nos autorités militaires faisaient de nécessité vertu et avaient échafaudé des théories destinées à nous consoler de l'absence d'un matériel équivalant à celui de l'ennemi. On prétendait que, dans la bataille, les occasions d'utiliser la grosse artillerie seraient exceptionnelles, qu'il fallait prendre garde de ne pas encombrer les colonnes, et réserver ce pesant matériel pour l'attaque et la défense des positions fortifiées. On se doutait bien que les cas où on pourrait s'en servir seraient plus fréquents que dans les guerres passées, en raison de l'emploi généralisé de la fortification passagère et de la variété des terrains sur lesquels s'étendraient les batailles. Mais on affirmait que, jusqu'à 6.000 mètres, notre canon de 75 vaudrait mieux que tout autre et que, au delà, l'observation du tir serait rarement possible; enfin que le tir courbe des grosses pièces ne serait avantageux que contre les abris fortement défilés.

Cette tendance à systématiser une erreur se retrouvait également dans la question des places fortes. On sait que, seules, nos grandes places de l'Est, et exceptionnellement quelques forts d'arrêt, comme Manonviller, avaient été entretenus et renforcés d'une façon à peu près adéquate aux progrès des canons et des projectiles à explosifs, à la condition, bien entendu, de n'avoir à supporter que le tir des calibres moyens. Faute d'argent, les places du Nord, comme Maubeuge, et celles de seconde ligne, comme Reims, avaient été laissées dans un complet abandon. Dès lors, peu à peu, les fermes doctrines du général Séré de Rivière devinrent désuètes. Les méditations de cabinet ruinèrent les principes suggérés par une guerre récente, phénomène qui est général dans les périodes de longue paix, car rien ne s'oublie plus vite, même dans les armées où on travaille, que les enseignements du champ de bataille. La doctrine se transforme insensiblement, sans que ses novateurs s'aperçoivent qu'ils construisent souvent sur des nuages. A notre époque, à cause du progrès incessant de la technique, cette transformation peut être totale. Mais la guerre suivante prouve en général que ceux qui s'étaient battus voyaient plus juste que ceux qui n'avaient que médité. Et ceci est aussi vrai, qu'il s'agisse de formuler des principes directeurs de guerre ou de rédiger le règlement de manœuvre d'une arme quelconque. Beaucoup de prescriptions de nos récents règlements d'infanterie ne valaient pas celles du règlement de 1875, fraîchement issu de la guerre.

On commença donc à propager l'idée que la fortification était la ressource des faibles et que son extension ne prouvait qu'un manque d'esprit offensif, qu'elle avait d'ailleurs l'inconvénient d'immobiliser dans ses ouvrages des contingents qui seraient plus utiles en rase campagne. C'était aussi l'époque où le dogme de la guerre courte triomphait. Si la bataille initiale devait décider du sort de la guerre, on concevait bien l'utilité de nos places de l'Est, pivots de manœuvre de nos armées, mais comme on ne supposait pas que cette bataille pût se livrer dans les environs de Lille ou de Reims, la conservation de ces places devenait une idée difficilement défendable, ou du moins convenait-il de n'y pas consacrer un argent mieux employé ailleurs.

Dans les années qui ont précédé immédiatement la guerre, la question de Lille s'était posée avec une acuité particulière. Il s'agissait d'une grande ville qui étouffait dans sa ceinture de pierre et de béton, et dont on ne voulait plus arrêter indéfiniment le développement par des servitudes militaires surannées. On disait que sa principale utilité était jadis de tenir un nœud de communications. Mais il y avait belle lurette qu'on avait construit en dehors du rayon de la place des voies ferrées qui rendaient insignifiantes celles qui étaient sous le canon des forts. En vain tous les officiers généraux qui avaient commandé à Lille avaient-ils réclamé la conservation intégrale du camp retranché. Les représentants du département du Nord au Parlement étaient d'un avis contraire. M. Vandamme, député, disait : « Je ne crois guère à l'exécution de ce fameux mouvement excentrique qui conduirait les Allemands en France à travers la Belgique. Je n'admets pas facilement qu'ils soient assez imprudents pour commettre la faute d'agir offensivement dans deux directions, en Alsace et en Belgique (celle-ci prêtant le flanc à une attaque française), éloignées de 950 kilomètres l'une de l'autre. » En vérité, on n'est pas meilleur prophète ! Il est vrai que, lorsqu'il prononçait ces paroles en 1912, M. Vandamme pouvait s'autoriser d'un avis conforme du Conseil supérieur de la Guerre. Voici en effet l'extraordinaire exposé des motifs d'un projet de loi portant déclassement des forts détachés de Lille, déposé le 7 novembre 1911 par M. Messimy, ministre de la Guerre :

Le programme de l'organisation défensive des frontières du Nord et de l'Est, élaboré de 1875 à 1878, a subi au cours de l'exécution et sous des influences diverses, notamment à la suite des progrès de l'armement et du développement des voies de communication, des modifications qui ont profondément changé le rôle des places.

Il convenait donc d'examiner ce que doit être notre

organisation défensive actuelle et comment peuvent être utilisées les fortifications existantes.

Un semblable projet a déjà été fait en 1899 et 1900, lors de l'établissement du projet de loi de classement des places fortes dans les trois classes prévues par la loi du 11 juillet 1891; ce projet, soumis au Parlement et adopté par la Chambre le 30 juin 1899, a été retiré à la suite des objections formulées devant le Sénat. Il ne semble pas opportun de reprendre ce projet de loi. Le classement prévu par la loi du 11 juillet 1891 est trop rigide, et il importe de laisser au ministre de la Guerre la possibilité de faire varier, suivant les circonstances du moment, le degré de préparation de certaines places.

Dans le même ordre d'idées, il convient de proposer pour un déclassement définitif certaines places dont l'inutilité est unanimement reconnue.

Tel est le cas de la place de Lille. Cette place est tournée de tous côtés par de nombreuses voies ferrées. Ses richesses seules pourraient en faire un objectif secondaire pour un ennemi qui viendrait à opérer dans la région; mais les importantes villes de Roubaix et Tourcoing qui lui sont contiguës, offrent des ressources aussi considérables; elles ne sont nullement protégées, et il ne saurait être question de les englober dans un vaste camp retranché, même du moment.

L'enceinte de Lille, noyée dans les faubourgs, est indéfendable; la place est sans valeur.

Dans ces conditions, son déclassement s'impose.

Conformément aux dispositions de l'article 1 de la loi du 10 juillet 1851, le Conseil supérieur de la Guerre, constitué en comité de défense, a été consulté sur cette question. Dans sa séance du 12 janvier 1911, il a émis l'avis qu'il y avait lieu de déclasser l'enceinte de Lille et les ouvrages détachés.

Les fortifications ainsi déclassées devraient d'ailleurs être démantelées, afin d'empêcher que, dans une guerre malheureuse, elles puissent être utilisées contre nous par l'ennemi.

Il conviendrait donc, tout en posant dès maintenant le principe du déclassement, d'en reporter la réalisation à l'époque où, pour l'enceinte et pour chaque ouvrage, les voies et moyens de démantèlement auraient été arrêtés.

Fort heureusement pour lui, le Conseil supérieur de la Guerre a émis souvent des avis qui lui faisaient plus d'honneur que celui-ci. Qu'on veuille bien rapprocher les phrases suivantes de cet exposé des motifs : « L'enceinte de Lille, noyée dans les faubourgs, est indéfendable; dans ces conditions son déclassement s'impose... Les fortifications ainsi déclassées devraient d'ailleurs être démantelées afin d'empêcher que, dans une guerre malheureuse, elles puissent être utilisées par l'ennemi. » Ainsi voilà des ouvrages qui n'ont aucune valeur contre l'ennemi, mais qui, au pouvoir de l'ennemi, en auraient contre nous ! Telle est la mentalité à laquelle parvenaient de hautes autorités militaires quand elles subissaient les influences politiciennes.

Le colonel Grouard disait avec juste raison [1] : « Voilà une place forte pour laquelle on a dépensé

____

[1] Dans la *République Française* du 24 octobre 1913.

depuis trente ans plus de 60 millions, et on vient maintenant déclarer qu'une pareille dépense a été faite en pure perte et qu'il faut tout démolir! Que veut-on que pense le public d'une administration qui prend ses déterminations avec tant de légèreté? Car il faut bien remarquer qu'il n'y a rien de changé depuis trente ans dans la situation de la France vis-à-vis de ses voisins; si la place de Lille était nécessaire quand on a décidé de l'organiser, elle ne peut que l'être davantage depuis qu'on songe un peu plus à l'invasion allemande par la Belgique. Mais je ferai remarquer que ce n'est pas seulement au sujet de Lille qu'on peut relever de pareilles contradictions. Il y a quelques années, on a proposé de déclasser la place de Langres, et le projet a été voté par la Chambre; il a fallu l'intervention du Sénat pour l'arrêter. On a agi de même au sujet de Reims; on ne l'a pas démantelé, mais on l'a à moitié désarmé... L'explication de cette incohérence réside dans ce fait qu'en France les questions militaires sont traitées par des gens qui n'en connaissent pas le premier mot. On met à la tête de l'armée des hommes complètement étrangers à ces questions : ils sont le jouet des arrivistes qui les entourent et qui obtiennent leur confiance par la flatterie. Les coteries qui se succèdent dans les cabinets ministériels trouvent ainsi l'occasion de faire prévaloir à peu de distance l'une de l'autre des solutions souvent contradictoires, parce que, au lieu de procéder de vues d'ensemble dont peu d'hommes sont capables, elles émanent d'esprits étroits qui n'envisagent que par une face des problèmes fort complexes. »

La préparation intellectuelle.

Le travail intellectuel du corps d'officiers français avait été intense depuis la guerre de 1870. Si, conformément au but que je me propose dans cet ouvrage, je dois faire ressortir certaines erreurs, il ne faut pas voir là un esprit de dénigrement systématique, qui serait fort injuste. Ce travail a été fécond, et c'est d'ailleurs aux efforts de toute nature de notre admirable corps d'officiers que nous devons, malgré les fautes militaires et politiques commises depuis quarante ans, de n'avoir pas été écrasés par l'Allemagne dès 1914 et d'avoir remporté une éclatante victoire en 1918. Mais, ceci dit, il faut bien reconnaître que, si de la masse énorme des études produites est sorti infiniment de bien, il s'est également dégagé de cette masse des courants d'opinion qui n'ont pas été très heureux pour la conduite initiale de cette guerre.

Les innombrables auteurs qui ont traité de la guerre de 1870 sont unanimes à conclure que, d'un bout à l'autre de cette campagne, nous avions été d'une passivité complète, et que l'absence de

tout esprit offensif avait été une des causes de la
série ininterrompue de nos défaites. De là est né
ce culte passionné de l'offensive sous toutes ses
formes, qui ne pouvait qu'être entretenu par la
lecture des ouvrages militaires d'outre-Rhin;
ceux-ci expliquaient de la même façon les vic-
toires allemandes et les revers français. A peu
près tous les auteurs partaient de ce truisme que
l'offensive est seule capable d'amener la décision,
pour la prôner en tout temps et en tout lieu.
Tandis que beaucoup de nos doctrines ont évolué
jusqu'à subir de véritables transformations dans
le demi-siècle qui a séparé les deux guerres, la
doctrine de l'offensive est restée immuable et est
devenue plus stricte et plus rigoureuse avec le
temps. Nos deux derniers bréviaires de stratégie
et de tactique, à savoir les règlements sur la
conduite des grandes unités et sur le service en
campagne, qui datent de 1913 et de 1914, ne sont
que deux hymnes à l'offensive.

« Entre toutes les nations, dit le premier de ces
documents, la France est celle dont l'histoire militaire offre les exemples les plus frappants des
grands résultats auxquels conduit la guerre d'attaque, comme des désastres qu'entraîne la guerre
d'attente. Portée par nous presque jusqu'à la perfection, la doctrine de l'offensive nous a valu les
plus glorieux succès. Et par une contre-épreuve
cruelle, le jour où nous l'avons méconnue, elle a
précisément fourni à nos adversaires les armes à

l'aide desquelles ils nous ont vaincus. Les enseignements du passé ont porté leurs fruits; l'armée française, revenue à ses traditions, n'admet plus, dans la conduite des opérations, d'autre loi que l'offensive...

. . . .

« La rupture du dispositif de combat de l'adversaire exige des attaques poussées jusqu'au bout sans arrière-pensée. Elle ne peut être obtenue qu'au prix de sacrifices sanglants. Toute autre conception doit être rejetée comme contraire à la nature même de la guerre. »

Le Service en campagne de 1895 avait dit que la défensive peut s'imposer à une partie des forces dans certaines circonstances. Il considérait la défensive comme un moyen d'attirer l'ennemi sur un terrain où l'on croit pouvoir lutter dans de bonnes conditions. Les rédacteurs du Service en campagne de 1914 trouvèrent ces phrases dangereuses. La valeur d'une position pourrait donc déterminer le commandement à préférer la défense à l'attaque? Afin d'éviter tout malentendu sur un point de doctrine aussi important, le nouveau règlement ne justifiait plus la défensive que par la nécessité d'économiser des troupes sur certains points en vue de consacrer plus de forces aux attaques. La défensive n'était donc qu'une application raisonnée du grand principe de l'économie des forces qui domine tout l'art militaire.

Une pareille exaltation devait même infirmer les principes relatifs à la constitution et à l'emploi des réserves, tels qu'on les avait déduits d'une foule d'études sur la guerre napoléonienne. « La bataille une fois engagée, dit dans son rapport la Commission chargée de rédiger le Règlement sur la conduite des grandes unités, doit être poussée à fond sans arrière-pensée, jusqu'à l'extrême limite des forces. Le Service en campagne de 1895 affaiblissait la portée de ce principe par des restrictions relatives à l'emploi des réserves. Il pouvait en résulter de dangereux malentendus. La Commission a affirmé nettement qu'un chef ne doit jamais hésiter, pour enchaîner la victoire, à lancer au feu ses derniers bataillons. »

Il faut bien comprendre que ces théories ne pouvaient qu'être fortifiées par la croyance à peu près générale à la guerre courte. Si la guerre doit être forcément courte, l'offensive est la forme qui s'impose. La plupart de nos auteurs militaires en renom avaient, il faut bien le dire, emprunté ce dogme d'une part aux stratégistes allemands, qui en avaient besoin pour justifier leurs plans d'opérations contre la coalition franco-russe, d'autre part aux économistes, qui déclaraient *ex cathedra* que la mobilisation intégrale, exigée par la guerre future, amènerait au bout de quelques semaines l'asphyxie économique et que, devant cette inexorable loi naturelle, les militaires n'avaient qu'à s'incliner. Pour exposer l'état de la question, je me permets de reproduire ici l'étude que j'ai publiée dans le *Journal des Débats* du 3 août 1912 :

« L'exposé des motifs d'une proposition de loi récente contient cette phrase malheureuse : « Il est « aujourd'hui universellement admis que dans la « guerre prochaine les premières batailles auront « sur le sort de la campagne une influence déci- « sive. » Non seulement une pareille doctrine n'est pas universellement admise, mais elle a été éner- giquement combattue en France par des hommes comme le général Maillard et le général. Langlois, pour ne citer que les plus illustres, et deux magis- trales études, parues dans la *Revue militaire gé- nérale*, sous la signature du lieutenant-colonel Boissonnet et du commandant Mordacq (¹), en ont fait justice. Malheureusement la théorie de la première bataille décisive a fait son chemin dans l'opinion publique. *Elle doit être combattue sans relâche, car il n'en est pas de plus fausse et de plus démoralisante.*

« A vrai dire, cette théorie nous est venue d'Al- lemagne, et pour des raisons faciles à saisir. Obli- gée qu'elle sera, selon toute vraisemblance, de faire front sur deux frontières séparées par une énorme distance, l'Allemagne, pour se tirer d'une si médiocre situation stratégique, devra opérer en lignes intérieures d'une envergure démesurée. C'est-à-dire que, se jetant avec le *maximum de*

---

(1) Aujourd'hui général de division.

forces sur celui de ses adversaires qui sera prêt le premier, en l'espèce la France, elle devra le régler dans le minimum de temps, pour ne pas faire refluer trop tard vers l'est de l'Empire les contingents destinés à arrêter l'offensive russe. Des opérations aussi délicates légitiment absolument le pied formidable sur lequel vient d'être placée l'armée allemande, et restent, malgré tout, soumises à un redoutable aléa. On conçoit notamment que, si le dénouement se faisait attendre sur le théâtre de guerre occidental, la position de l'Allemagne deviendrait bientôt critique. Une solution rapide et définitive en Lorraine est donc le grand desideratum des Allemands, parce qu'elle est pour eux une nécessité. Or, s'ils n'ont pas fait de nécessité vertu, ils en ont fait théorie. Voici, en effet, que de cette nécessité va découler pour eux toute une doctrine stratégique.

« Si la première bataille doit être décisive, il s'ensuit qu'elle doit être *destructive*. Comment lui donner ce caractère? Par l'enveloppement d'un flanc, ou mieux des deux flancs de la masse ennemie, dût-on pour cela, par un mouvement d'énorme amplitude, violer la neutralité belge. En 1870, les Allemands nous ont fait connaître, à Saint-Privat, par exemple, l'enveloppement tactique; ils veulent nous enseigner à nos dépens, dans la prochaine guerre, l'enveloppement stratégique.

« Il ne nous déplaît pas du tout de voir nos

adversaires éventuels s'engager dans cette voie, car nous ne saurions oublier que les conditions de temps et d'espace différencient radicalement les opérations tactiques et stratégiques, et que les procédés qui assurent le succès des premières peuvent très bien ruiner les secondes. L'histoire de toutes les guerres prouve, en effet, qu'une manœuvre enveloppante n'a jamais réussi qu'à la condition d'être rigoureusement liée à une attaque de front. Sinon, qui veut tourner a chance d'être tourné lui-même. Il sera vraiment assez malaisé d'établir cette liaison entre des opérations sur le plateau de Lorraine et dans la vallée supérieure de l'Oise. Le maréchal Oyama n'avait que des prétentions plus modestes en combinant son enveloppement de Moukden; encore n'a-t-il que partiellement réussi et n'a-t-il nullement anéanti l'armée russe. Au reste, y a-t-il analogie entre le rassemblement compact de Kouropatkine et le dispositif probable de nos armées du nord-est? Une masse de 1.200.000 à 1.500.000 hommes a-t-elle, à proprement parler, des flancs? Les échelons qu'elle aura forcément en arrière ne constitueront-ils pas les plus efficaces des flancs-gardes, à opposer à celui qui embrasse trop pour ne pas étreindre mal? En réalité, il n'y a que peu de chance pour qu'on voie dans l'avenir des batailles destructives comme celle dont Iéna est restée le type, et encore grâce à une de ces poursuites qu'on ne peut pas non plus envisager aujourd'hui.

« Les théoriciens allemands sentent d'ailleurs si bien que le dogme de la bataille destructive n'est pas intangible qu'ils se rabattent sur celui de la guerre courte, pour des raisons qui ne sont plus d'ordre militaire. Disons tout de suite qu'ils ne sont pas tous d'accord sur ce point de doctrine. Sans parler de Clausewitz, qui est déjà un vieil auteur, Blume et von der Goltz, c'est-à-dire les plus célèbres écrivains militaires d'outre-Rhin, admettent prudemment l'hypothèse que l'adversaire poursuivra la lutte à outrance. Mais le général de Schlieffen a publié, il y a trois ans, des articles dans lesquels il limite la durée de la guerre à celle de la première bataille. Les arguments de son école peuvent se ramener à deux principaux : 1° l'appel sous les drapeaux de tous les hommes valides arrêtera la vie commerciale et industrielle et entraînera des dépenses se chiffrant par milliards, qui ne pourront être soutenues que pendant un temps très court; 2° chez la plupart des peuples européens, les tendances actuelles sont nettement pacifistes; dès le début d'une guerre malheureuse, le gouvernement d'un pays devra compter avec un courant d'opinions qui le contraindra à la paix.

« La première proposition ne semble pas convaincante. D'abord, ne s'abuse-t-on pas en prédisant cette paralysie immédiate du corps social après quelques semaines d'hostilités? N'est-ce pas méconnaître l'extraordinaire faculté d'accommodation de tout organisme humain? Pour prendre un exemple récent, lorsque la grève des mineurs anglais a éclaté, de minutieux calculs établissaient que l'Angleterre n'avait de charbon que pour quinze jours, et qu'ensuite ce serait la catastrophe. La grève a duré plus de quinze jours et la catastrophe ne s'est pas produite. Quant à la raison financière, elle n'est pas non plus inattaquable, lorsqu'il s'agit de nations aussi riches que la France et l'Allemagne. A ce point de vue d'ailleurs, la situation de l'Allemagne serait nettement inférieure à la nôtre, puisqu'au cours d'une guerre elle se verrait fermer les marchés de Paris, de Londres, et peut-être de New-York, c'est-à-dire les trois grands réservoirs de capitaux du monde.

« Les considérations tirées de la politique intérieure sont plus sérieuses. Il est indiscutable que ce sont les troubles sociaux qui ont obligé la Russie à signer la paix de Portsmouth, de même que les luttes intestines de la Turquie la détermineront probablement à traiter avec l'Italie. Il est vrai que ce ne sont pas là précisément des exemples de guerre courte. Néanmoins, en ce qui nous concerne, il est hors de doute qu'au cours d'une campagne ce n'est pas seulement à la frontière qu'il nous faudra regarder. Mais le danger réside bien plutôt dans une mauvaise éducation de l'opinion publique, abusée par cette doctrine funeste d'après laquelle, après une première bataille perdue, il n'y aurait plus rien à faire.

« Et l'on tient ce langage aujourd'hui que nous avons des alliés dont l'action, à supposer qu'elle ne s'exerce pas dès le début, deviendra de plus en plus pressante à mesure que le temps marchera ! Alors qu'en 1870, sans alliés, sans armée de seconde ligne organisée, dans des conditions absolument désespérées, nous avons soutenu, après Metz et après Sedan, cet effort énorme, on pourrait même dire insensé, s'il n'avait appris à l'étranger combien la France est difficile à vaincre ! Il est vraiment incroyable que, après un pareil exemple de ténacité dans le malheur, on nous serve encore ce cliché que les Français sont un peuple qui se décourage vite.

« La politique de nos voisins sera d'autant moins provocante qu'ils seront dûment avertis que nous ne serons pas, dans l'avenir, plus accessibles au découragement que nous ne l'avons été dans le passé, et que nous ne voulons envisager une guerre courte que dans l'hypothèse d'une guerre victorieuse.

« *Le tout est que les forces morales ne s'épuisent pas avant les autres.* Qu'il nous soit donc permis de répéter ici les belles paroles du commandant Mordacq :

« Les gouvernants ont dès le temps de paix l'im-
« périeux devoir de rappeler à la nation que la
« victoire finale reviendra au peuple le plus tenace,
« à celui qui saura supporter avec le plus d'énergie
« les épreuves de tout genre qu'entraînera la guerre
« du XXe siècle. »

Le dogme de la guerre courte et sa conséquence immédiate, à savoir l'allure offensive à
imprimer à la conduite générale de la guerre,
n'avaient pourtant pas amené tous les Allemands
sans exception à faire de l'offensive une espèce
de tarte à la crème, de panacée universelle à
appliquer sans tempérament en tout temps et
en toute circonstance. Dans un passage assez
peu connu de ses œuvres, écrit après 1870, Moltke
disait : « Les Français ne m'ayant jamais attaqué,
j'ai été contraint de prendre moi-même l'offensive, mais je ne l'ai fait que contre mon gré,
estimant n'avoir obtenu ainsi que des succès
moins décisifs et plus chèrement achetés que
ceux que j'aurais pu attendre d'une méthode
plus conforme à mes propres idées (1). » Moltke
se réclamait aussi de Clausewitz qui soutient
que la défensive est la forme la plus forte de la
guerre. Dans son gros livre intitulé : *La Guerre
d'aujourd'hui*, Bernhardi dit bien que, si l'on
considère dans son ensemble la conduite de la
guerre, l'offensive l'emporte de beaucoup sur la
défensive; mais d'une étude approfondie sur les
conditions actuelles de l'armement il est obligé
de déduire que la défense, comme forme de combat, est plus forte que l'attaque, et il achève
ainsi son chapitre : « Si nous voulons compter
sur des succès militaires, nous ne devons pas

____

(1) *Critique des Travaux du grand État-major.*

oublier que l'attaque est infiniment plus difficile que jamais et que l'assaillant, pour obtenir la décision, a besoin d'une supériorité très sensible. C'est la tâche de la stratégie de la lui assurer. »

Je citerai encore un travail fait par le grand État-major de Berlin en 1904, intitulé *Schlachterfolg*. C'est l'étude d'une bataille *défensive-offensive*. « Qui ne serait, lit-on dans cet ouvrage, de l'avis de Moltke quand il disait : « En 1870, « nous avons toujours pris l'offensive, attaqué « et enlevé les positions les plus fortes. Mais à « quel prix ! Le procédé qui consiste à passer à « l'offensive après avoir repoussé plusieurs atta- « ques me semble préférable (1). » La difficulté de faire mouvoir les masses modernes pourra conduire, d'autre part, à des batailles frontales, sans résultat décisif, analogues à celles qui sont antérieures aux époques frédéricienne et napoléonienne. Il sera donc nécessaire de manœuvrer. Mais il faut que la manœuvre soit conduite d'une main si ferme que l'adversaire, en dépit des projets qu'il a formés, soit forcé de subir notre loi. Ce plan général ne doit plus se borner à préparer une concentration en tenant compte des diverses manœuvres possibles, et en réservant la décision du chef jusqu'au moment où, la réunion des forces étant complètement achevée,

____

(1) C'est précisément le procédé qui a donné la victoire au maréchal Foch en 1918.

on aura sur l'ennemi tous les renseignements possibles. Ce procédé était encore admissible avec les effectifs de 1870. Mais aujourd'hui c'est plutôt la résolution d'agir dans un sens déterminé qui doit servir de base à la concentration [1]. A la guerre, toutes les décisions du commandement doivent être inspirées par la volonté de prendre et de conserver l'initiative des opérations... On peut en conclure que la concentration de la masse de manœuvre sera distincte de celle du reste de l'armée, et relativement éloignée d'elle. Mais ceci demande du temps, pendant lequel que fera le reste de l'armée? Il n'aura pas intérêt à prendre l'offensive. On livrera donc une bataille défensive sur une position qui aura peut-être été étudiée d'avance dans les plus grands détails. Et ce sera la bataille *défensive-offensive* [2]. »

---

(1) Il est à remarquer que notre Règlement sur la conduite des grandes unités s'inspire des mêmes principes : « Il faut bien préciser, dit-il, la part d'influence qu'il convient d'attribuer aux renseignements dans la détermination et dans l'exécution du plan de manœuvre. Chacune des décisions que comporte la conduite d'une grande unité doit venir à son heure, même si les données recueillies jusque-là sur les forces et les dispositions de l'ennemi sont encore obscures et incomplètes. Un chef qui cède à la tentation d'attendre, pour agir, l'arrivée de renseignements plus précis court en effet le risque de voir son adversaire déchirer le voile par des actes décisifs. »

(2) Ceci contient en germe la bataille de Morhange en août 1914. Je dirai plus loin dans quelle mesure ces théories ont été appliquées par les Allemands au début de la guerre. Si elles ne l'ont pas été intégralement, on verra qu'on en a tenu le plus grand compte.

Deux ans avant l'apparition de ce travail du grand État-major allemand, un de nos officiers de l'État-major de l'armée, le lieutenant-colonel Berrot, avait fait en 1902, devant ses collègues du ministère, une conférence intitulée : *La Manœuvre décisive*, qui était inspirée par les mêmes idées. L'idée directrice du colonel Berrot était que le succès dans la guerre future ne serait pas obtenu par une bataille dite « décisive », mais par une manœuvre. Ce fut un *tolle* général. L'auteur fut accusé de chercher la décision en dehors du champ de bataille, en d'autres termes, de reculer devant l'effort. Il fut disgracié impitoyablement et mourut encore jeune. Mais, comme il est des morts qu'il faut qu'on tue, le Règlement sur la conduite des grandes unités de 1913 a soin de dire dans son préambule : « A la suite de la guerre sud-africaine, on a vu reparaître certaines théories, qu'on pouvait croire à jamais abandonnées, sur l'inviolabilité des fronts et sur la possibilité d'amener les décisions par la manœuvre sans combat. Peu de temps après, la guerre russo-japonaise est venue, il est vrai, apporter un éclatant démenti à ces théories dangereuses, mais on doit toujours craindre qu'une longue période de paix ne les fasse un jour renaître. »

Que le colonel Berrot ait été très osé en proposant, comme il l'a fait, une manœuvre décisive sur les lignes de communication de l'ennemi, alors que l'amplitude énorme des fronts actuels ne permet guère qu'une manœuvre sur l'aile, enveloppante ou simplement débordante, je ne le conteste pas. Mais que d'observations profondément sensées on trouve en relisant son travail, et combien de fois la guerre mondiale ne lui a-t-elle pas donné raison! Notre défaite initiale sur les frontières et notre victoire de la Marne ont-elles été dues à une attaque décisive ou à une manœuvre? La première n'est-elle pas due à la manœuvre débordante de Kluck à l'ouest de Charleroi, qui a déterminé le général Joffre à ordonner la retraite générale des armées françaises? Et la seconde n'est-elle pas due également à la manœuvre enveloppante de Maunoury, ayant sa répercussion jusque dans les plaines de Champagne? Où y a-t-il eu une attaque décisive? On dira bien qu'aucune de ces deux batailles n'a été précisément décisive; mais cela résulte de l'équilibre qui existait entre les deux adversaires. Les résultats décisifs supposent toujours chez l'un d'eux une supériorité écrasante en effectifs, en valeur des troupes ou du commandement, qui n'existait pas dans l'été de 1914. Et c'est le grand reproche qu'on peut faire au Règlement sur la conduite des grandes unités ou à son succédané, le Service en campagne. Ces règlements édictaient des règles excellentes pour battre une armée comme l'armée austro-hongroise. Vis-à-vis de l'armée allemande, ils engageaient nos chefs, grands et petits, dans des voies dangereuses.

C'est cette discrimination de l'adversaire que le colonel Berrot avait entendu faire. Pour lui l'offensive restait bien, en dernière analyse, une condition nécessaire de la victoire, mais elle n'était pas une condition suffisante vis-à-vis des Allemands. « Il ne faut pas oublier, disait-il, que, si les Allemands sont devenus essentiellement offensifs, ils ont gardé cependant l'idée très développée de la manœuvre (1). Si nous les attaquons dès le début, nul doute que, de leur côté, ils ne jouent serré, qu'ils ne conservent des réserves et ne se préparent à parer nos attaques pour nous contre-attaquer ensuite dans les meilleures conditions. » C'est en effet l'histoire de la bataille de Morhange et celle du Luxembourg belge.

Je ne veux pas quitter le colonel Berrot, si injustement décrié (2), sans citer le dernier paragraphe de son étude : « Je crois que, dans la guerre que nous préparons, nous ne devons pas plus copier Frédéric ou Napoléon que ceux-ci n'ont copié Alexandre ou César. La guerre est une

______

(1) Les extraits d'auteurs allemands que j'ai donnés plus haut le prouvent en effet.

(2) Je dois dire que le colonel Berrot a eu la malchance de voir ses théories reprises, revues et considérablement augmentées, mais nullement améliorées, par un général prestigieux qui était un entraîneur de troupes remarquable, mais dont les écrits, inspirés souvent par d'autres travaux que les siens, ne comptent pas parmi les meilleures productions de la littérature militaire de la fin du XIXᵉ siècle.

action essentiellement complexe qui dépend d'une foule d'éléments sans cesse en transformation, au premier rang desquels se trouvent l'état social et les moyens matériels, c'est-à-dire l'homme et l'armement. Les guerres que nous étudions sont des guerres mortes que nous ne ferons plus revivre sous la même forme. Il faut y chercher des sujets de méditation et non pas des modèles. La victoire future appartiendra à celui qui aura réalisé avec fermeté et résolution, dès les premières rencontres, une forme de guerre s'adaptant logiquement aux hommes modernes et aux armes perfectionnées. »

Dans ces dernières lignes, le colonel Berrot attire discrètement l'attention sur les théories dangereuses qu'on avait déduites des guerres napoléoniennes, dont l'étude a rempli toute la fin du siècle dernier. Jamais le dieu de la guerre n'a été l'objet d'un culte plus passionné qu'à cette époque. Les plus éminents professeurs de notre École supérieure de Guerre en faisaient le fondement de leur enseignement. C'est sur l'étude des campagnes napoléoniennes que Maillard édifiait sa tactique et Bonnal sa stratégie. Vers 1890, ce dernier avait définitivement fixé la doctrine. Nous ne jurions alors, à l'École de Guerre, que par l'avant-garde générale. Je tiens à dire bien haut que le général Bonnal, dont je m'honore d'avoir été l'élève et dont je conserve pieusement le souvenir, était un des cerveaux les plus puissants de l'armée et qu'il est absolument lamentable qu'à la suite d'intrigues sans nom un homme de cette valeur n'ait jamais dépassé le grade de général de brigade. Mais, ceci dit, je suis bien obligé de reconnaître que certaines de ses théories, et notamment ses idées sur la concentration, étaient difficilement applicables dans les conditions de temps et d'espace où nous nous trouvions par rapport aux Allemands. Et je me permets de suggérer très respectueusement que Bonnal a peut-être insuffisamment vu à quel point la guerre était, de nos jours, transformée, non par les progrès de l'armement, mais par le progrès des moyens de communication et par l'accroissement des effectifs.

« Les progrès de l'armement, dit le général Colin, ont modifié le combat, la bataille, mais n'ont pas transformé la guerre dans son ensemble. Imaginons une armée dotée de l'armement le plus moderne, mais ne comptant que 200.000 hommes et ne disposant que des moyens de communication de 1806. Les principes et les procédés à lui appliquer seraient sensiblement les mêmes qu'il y a cent ans. »

Encore l'utilisation des effectifs actuels est-elle conditionnée par le développement des chemins de fer et de la traction automobile, par l'emploi de la télégraphie sous toutes ses formes et du téléphone. On ne pourrait faire subsister les masses actuelles sans les rubans de fer qui sont leurs cordons ombilicaux, ni les manœuvrer sans avoir recours à ces transports par voie ferrée en cours d'opérations, dont Colin a prédit la fréquence, auxquels beaucoup d'officiers d'État-major ne voulaient pas croire avant cette guerre, et qui sont pourtant entrés dans la pratique courante; ni enfin exercer le moindre commandement sur des fronts démesurés (quelquefois 20 kilomètres par division, 150 kilomètres par armée), si le chef n'avait à sa disposition ces deux organes indispensables qui s'appellent l'automobile et le téléphone. L'avion et le sous-marin eux-mêmes, qu'on se plaît à appeler des armes nouvelles, sont-ils autre chose que des moyens de transport dans des éléments où on ne circulait pas jadis?

Je viens de citer un nom, celui du général Colin, tombé glorieusement sur le front de Macédoine à la fin de 1917, qu'il est impossible de passer sous silence, même quand on ne veut qu'indiquer dans ses grandes lignes l'évolution de la pensée militaire française dans les années qui ont précédé la guerre. Cet homme, dans une œuvre puissante, a vraiment rénové les études napoléoniennes. Il faut bien dire que ses prédécesseurs, dont je viens de nommer quelques-uns, du jour où ils eurent établi les fondements de leur doctrine, donnèrent une conclusion tendancieuse à leurs études sur la période impériale. Leur bonne foi ne saurait être suspectée, mais chez eux le professeur avait fini par étouffer l'historien. Il en est de ce dernier comme du savant. Quand le savant a bâti une théorie sur des expériences, c'est un homme mort à la méthode expérimentale, parce que, involontairement, il ne fera plus servir ses expériences subséquentes qu'à la confirmation de la théorie.

Dès son premier ouvrage sur la campagne de 1796 en Italie, Colin fût un démolisseur de clichés. Dans la suite de ses ouvrages, et notamment dans sa *Campagne de 1805* et dans son *Éducation militaire de Napoléon*, il modifia par des retouches aussi vigoureuses qu'exactes la physionomie du maître, nouveau peintre qui rendit le modèle plus ressemblant sans atténuer en rien sa beauté, jusqu'au jour où, après tant d'analyses, il écrivit cette puissante synthèse intitulée : *Transformation de la Guerre*, écrite en 1911, et peut-être plus connue encore à l'étranger qu'en France. J'en reproduis ici quelques lignes d'allure prophétique :

« Il est peut-être dangereux de rappeler que les grands capitaines n'ont pas toujours agi offensivement ; c'est fournir un prétexte aux timides pour s'en tenir à la défensive. Il faut pourtant bien le constater : si l'offensive s'impose dans l'ensemble et dans la phase finale des opérations, on ne manœuvre souvent qu'en ajournant le combat pendant un certain temps et sur certains points.

« Combien de fois l'offensive n'a-t-elle pas été entreprise avec des forces insuffisantes, pour abou-

tir soit à la défaite, soit à un mouvement de recul,
soit du moins à un arrêt intempestif ? »

Colin n'avait certainement pas prévu que nous
serions condamnés pour plusieurs années à une
guerre de tranchées, mais il a eu le pressentiment
que la doctrine de l'inviolabilité des fronts conduirait au dispositif linéaire et que, si une ligne continue s'établissait, grâce à l'énormité des effectifs
disponibles, de Dunkerque à Montbéliard (¹), les
adversaires se trouveraient figés l'un en face de
l'autre, *luctantes cornibus hædi.*

« Si l'extension des armées, sur la largeur totale
du théâtre d'opérations, exclut la tendance au
morcellement, elle fera naître d'autres tentations.
On songera à déployer les masses en une ligne
continue, de densité presque constante, en faussant le sens profond du principe napoléonien qui
veut l'armée *réunie.* S'il faut une armée *réunie,* ce
n'est pas pour obtenir que les hommes y soient
coude à coude, mais pour qu'on puisse les engager
dans une même action (²). »

Cette formule napoléonienne de la réunion des
forces, mise en lumière par Colin, a été reprise
deux ans plus tard par les rédacteurs de la *Con-*

---

(1) Colin est presque le seul à avoir envisagé formellement
cette hypothèse; il évalue à trois hommes, par mètre courant, la
densité des troupes qui seraient engagées dans une guerre franco-
allemande, entre la mer du Nord et le Jura.

(2) Voir mon étude sur le général Colin dans l'*Illustration* du
23 février 1918.

duite des grandes unités, qui n'ont guère fait que paraphraser ce qu'avait dit Colin : « La liberté d'action, disent-ils, peut être considérée comme réalisée quand le chef a *réuni* ses forces et qu'il est en mesure de développer son plan de manœuvre malgré l'ennemi. La Commission, donnant au mot *réunion* l'acception courante à l'époque napoléonienne, considère qu'une grande unité est *réunie* quand tous ses éléments, formant un dispositif plus ou moins largement articulé, sont en mesure de participer à une même action d'ensemble. »

Il serait d'ailleurs injuste de prétendre que ce Règlement sur la conduite des grandes unités et le Service en campagne qui l'a immédiatement suivi n'aient pas réalisé un grand progrès sur les prescriptions de 1895. On s'était rendu compte que le compartimentage du combat en quatre phases : engagement d'avant-garde, lutte d'artillerie, préparation de l'attaque et attaque, ne correspondrait à aucune réalité. On avait reconnu que le rôle essentiel, pour ne pas dire unique, de l'artillerie était d'appuyer les attaques de l'infanterie en détruisant tout ce qui s'opposait à sa progression, la recherche de la supériorité sur l'artillerie ennemie n'étant légitime que parce que le premier obstacle que rencontre l'infanterie est souvent cette artillerie ennemie. Peut-être d'ailleurs avait-on été amené à s'engager dans cette voie en considérant combien il serait difficile, avec les progrès du tir indirect, d'obtenir la décision dans la lutte d'artillerie. Et l'expérience de la courte guerre de mouvement de 1914, aussi bien que de la longue guerre de tranchées qui a suivi, a prouvé en effet que rien n'était plus difficile que de réduire à l'impuissance l'artillerie adverse, à une époque où on peut éparpiller ses canons dans tous les culs de basse-fosse, pourvu qu'on ait à sa disposition quelques bons observatoires, du fil téléphonique et des avions de réglage. Toujours est-il que notre Service en campagne de 1913 a prévu assez exactement le rôle que la guerre future donnerait à l'artillerie, tout au moins à l'artillerie légère.

On ne peut lui faire le même compliment en ce qui concerne la cavalerie. Les rédacteurs du règlement étaient visiblement influencés par la littérature cavalière d'avant-guerre, une des plus touffues qui fut jamais, dont la grandiloquence passait la mesure et qui était restée le réceptacle de clichés indestructibles. Qu'on se rappelle la division de cavalerie considérée exclusivement comme organe d'exploration, lancée au loin comme un boulet, ayant soi-disant le loisir, après avoir réglé le compte de la cavalerie adverse, d'explorer en tous sens les masses d'infanterie; le duel de cavalerie inéluctable, décisif, dont l'effet invariable devait être d'annihiler la cavalerie battue, de lui ôter l'envie de se montrer où que ce soit, de la démoraliser pour le reste de la campagne; les discussions passionnées sur la charge « en muraille » ou sur la « mêlée », cette dernière considérée par les tenants de la première comme une catégorie inférieure de charge... Jamais, depuis cent ans, dans aucune guerre européenne l'expérience n'avait sanctionné ces belles théories. Depuis la fin des guerres de l'Empire, la cavalerie sudiste américaine est la seule qui ait fait, au cours de la guerre de Sécession, de véritable exploration, mais avec des procédés entièrement différents des nôtres, avec des détachements très légers et triés sur le volet, comprenant deux ou trois régiments et une batterie au maximum, détachements rompus au combat à pied et faisant de l'exploration avec ses canons et ses carabines (1).

A vrai dire, le règlement de 1913 n'avait pas entériné toutes les sornettes de la littérature cavalière. Il marquait même un progrès sur celui de 1895. Le nouveau texte atténuait cette extraordinaire obligation qu'on faisait en 1895 à la cavalerie d'exploration, de combattre et de refouler la cavalerie adverse. On disait plus modérément que la tâche du chef d'exploration se simplifie s'il parvient à prendre l'ascendant sur la cavalerie ennemie, et qu'il doit mettre cette dernière hors de cause *toutes les fois que sa mission ne s'y oppose pas*. Mais les règles si décevantes de l'exploration restaient les mêmes. La division ou le corps de

---

(1) Voir mon étude sur les *Procédés d'exploration de l'armée de Nord-Virginie dans la Guerre de Sécession* (Berger-Levrault, 1901).

cavalerie était toujours l'instrument uniquement destiné au combat de cavalerie. La recherche des renseignements n'était assurée que par des reconnaissances d'officiers appuyées par des détachements légers, dits de découverte. Si bien que les six régiments et les batteries d'une division n'étaient, pour ainsi dire, que le véhicule transportant à pied d'œuvre quelques reconnaissances et quelques faibles détachements.

Et nous continuions à édicter ces prescriptions singulières au moment même où nous alourdissions d'infanterie, pour les rendre plus puissantes, nos divisions de cavalerie! En réalité, ces unités n'auraient plus dû être considérées que comme de grosses avant-gardes très mobiles, précédant les avant-gardes d'infanterie et facilitant leur tâche, occupant, avant l'arrivée de l'infanterie, certaines zones intéressant le déploiement ultérieur de l'armée, ou encore protégeant le front ou les flancs de l'armée. Ce qui est curieux, c'est qu'aux grandes manœuvres, aussi bien en France qu'en Allemagne, c'était bien ce rôle de couverture qu'on assignait à la cavalerie d'armée, en dépit de tous les règlements sur l'exploration. Il aurait été d'ailleurs difficile de faire autrement, le temps et l'espace manquant à la fois pour procéder à une exploration, même de modeste envergure. Par malheur, les premiers jours de la guerre laissèrent en Belgique un espace vide entre les armées françaises et allemandes. Tandis que la cavalerie allemande se bornait sagement à la couverture, la nôtre recevait, conformément à nos règlements, une mission d'exploration qui aboutit à la lamentable équipée du corps Sordet en Luxembourg belge, sur laquelle je reviendrai dans la deuxième partie de cet ouvrage.

Si je me suis exprimé clairement, le lecteur aura inféré de ce qui précède que, s'il y a un reproche à faire à notre doctrine de guerre de 1914, ce n'est pas d'avoir été entachée de telle ou telle erreur de détail (toutes les doctrines en contiennent, et il n'y a que ceux qui ne font rien qui ne se trompent jamais) ; c'est plutôt d'avoir converti tous nos chefs d'unités, petites et grandes, à des méthodes qui eussent fait sans doute merveille contre des adversaires nettement inférieurs, comme les Austro-Hongrois ou les Russes, mais qui étaient dangereuses vis-à-vis des Allemands. Malheureusement, on est parti de ce principe que l'offensive crée la supériorité morale, tandis que c'est l'inverse qui est vrai. La supériorité morale n'est pas la conséquence de telle ou telle forme de combat ; elle ne résulte que de la confiance en soi, et de la confiance réciproque des chefs et des soldats les uns pour les autres. On ne saurait la créer artificiellement, et c'est seulement quand elle existe que l'offensive a chance de produire d'heureux résultats.

Je tâcherai de montrer dans les pages qui suivent que c'est cette croyance à la vertu spéci-
fique de l'offensive qui a exposé notre État-major
à de graves erreurs dans l'élaboration de son plan
initial d'opérations.

DEUXIÈME PARTIE

LE PLAN INITIAL ET LES PREMIÈRES OPÉRATIONS

I — LA MOBILISATION

Je ne dirai que peu de chose de la mobilisation. Elle a été le chef-d'œuvre de notre État-major, chef-d'œuvre d'autant plus méritoire que la mauvaise organisation du ministère de la Guerre et l'indépendance des directions et des services ne facilitaient pas une besogne à laquelle doivent collaborer toutes les directions et tous les services, sous une impulsion unique que l'État-major n'avait pas le pouvoir de leur donner.

J'ajoute que les dispositions de notre loi de recrutement visant le rappel à l'activité des contingents de la réserve et de la territoriale, en dehors du cas de mobilisation générale, ne nous donnaient pas, dans la période de tension politique, la liberté d'allure qu'avaient les Allemands. En dehors de ce cas de mobilisation générale et des convocations régulières pour les manœuvres, les hommes des réserves pouvaient être rappelés par ordres individuels, avec l'assentiment du Conseil des ministres, si les circonstances paraissaient l'exiger, mais à condition qu'ils n'eussent quitté le service actif que depuis un an. En outre, en cas d'agression ou de menace d'agression caractérisée par le rassemblement de forces étrangères en armes, le rappel à l'activité pouvait être ordonné par arme ou par subdivision d'arme, pour une, plusieurs ou toutes les classes, dans une zone déterminée autour des places fortes et des ouvrages fortifiés. En dehors de ce « renforcement, par alerte », il fallait recourir *à un décret* pour rappeler les réserves de tel ou tel corps d'armée, mesure qui supprimait évidemment toute espèce de secret et qui, pour cette raison, ne fut pas appliquée en 1914. On voit donc que nous en fûmes réduits au rappel par ordres individuels pour la classe la plus jeune des réservistes, et au rappel de toutes les classes dans les zones fortifiées, tant que dura la période de tension politique. Ce fut d'ailleurs suffisant pour la mise en place de notre couverture, dont l'ordre ne fut donné qu'au moment même où l'Empereur allemand déclarait le *Kriegsgefahrzustand,* l' « état de danger de guerre ([1]) ».

Ce *Kriegsgefahrzustand* permettait à l'autorité

([1]) Voir *Quatre mois de guerre,* document rédigé par le G. Q. G. pour les réprésentants de la France à l'étranger. L'ordre de mise en place de la couverture est du 30 juillet, le *Kriegsgefahrzustand* est du 31 juillet.

militaire allemande de mettre la main sur les voies ferrées et sur le service postal et télégraphique. Mais antérieurement à sa promulgation, grâce aux règles très simples de leur mobilisation, les Allemands avaient pu compléter et mettre en place leur couverture, et en outre convoquer six classes de réserve (1), non seulement pour les corps fournissant les éléments de la couverture, tels que les VIIIe, XVIe, XXIe, XVe, XIVe, mais encore pour les VIIe, XIe et XVIIIe corps. S'ils avaient médité une attaque brusquée en Lorraine, nous aurions été assez mal en point pour la recevoir. Heureusement, c'est uniquement du côté de Liége que le coup de main se préparait, et les Allemands ne firent aucune tentative pour bousculer notre dispositif de Lorraine et d'Alsace. Ils se contentèrent d'insulter notre territoire tout le long de la frontière, en particulier aux environs de Briey, entre Nomeny et Arracourt et dans la région de Belfort.

Ces insultes furent d'autant plus faciles que, le 30 juillet, notre Gouvernement avait donné aux éléments de couverture cet ordre vraiment extraordinaire de ne, dépasser sous aucun prétexte une ligne distante de 10 kilomètres de la frontière. On en connaît les raisons. A cette date du 30 juillet, notre Gouvernement tenait par-

---

(1) Malgré les affirmations mensongères de Bethmann-Hollweg au Reichstag, à la séance du 4 août.

dessus tout à convaincre, non seulement l'Angleterre, mais l'Italie, que nous n'étions pas les agresseurs. Comme il a réussi et qu'en politique le succès excuse tout, et comme, d'autre part, cet abandon temporaire d'une bande frontière n'eut pas de conséquence grave, il faut passer condamnation. Mais les historiens futurs auront sans doute le bon sens de dire que ce sont là des exemples à ne pas imiter. Nos troupes de couverture avaient pour mission de protéger contre les entreprises ennemies la mobilisation de la zone frontière, les zones de débarquement et de concentration des armées. En outre, elles devaient empêcher la destruction des voies de communication, des ouvrages d'art, des lignes télégraphiques et des magasins exposés aux incursions de l'ennemi. Elles devaient dès le début arrêter les reconnaissances et les détachements allemands qui chercheraient à pénétrer chez nous, ensuite retarder la marche d'unités plus considérables qui auraient pu troubler nos débarquements. La zone prévue pour la couverture s'étendait entre la ligne même de la frontière et le front général de concentration des armées. Les troupes de première ligne étaient réparties en secteurs, le dispositif comprenant dans chaque secteur des groupes poussant en avant des éléments de surveillance, et en arrière un gros disponible pour la manœuvre. Il va de soi que, à partir des derniers jours de juillet, il était de première importance de tenir certains points de l'extrême frontière, notamment dans les Vosges, d'autant plus que notre plan initial comportait une offensive immédiate en Haute-Alsace et en Lorraine annexée. L'ordre du 30 juillet fit abandonner tous les cols des Vosges qu'il fallut ensuite reprendre. La retraite de nos éléments de couverture au moment où, sur tout le front du Luxembourg aux Vosges, les Allemands avaient pris leur dispositif à quelques centaines de mètres de la frontière et commençaient leurs incursions, démoralisa nos populations qui crièrent à l'abandon. Elle risquait également, en cas d'une attaque allemande, de rendre impossibles les mouvements qui avaient été minutieusement étudiés dès le temps de paix. Jamais, en réalité, la politique n'avait exercé une influence aussi tyrannique dans le domaine purement militaire.

L'interdiction du 30 juillet ne fut levée que le 2 août. Encore est-ce seulement le 5 août que le général Joffre rendit enfin toute leur liberté aux troupes de couverture, c'est-à-dire leur permit de franchir la frontière, alors que l'Allemagne avait déclaré la guerre depuis deux jours. Voici ce document :

Le général commandant en chef
aux généraux commandant les 20e, 2e, 6e, 7e, 21e corps.

La guerre ayant été déclarée, il n'est plus apporté aucune restriction aux opérations de couverture qui peuvent s'exécuter telles qu'elles résultent des missions attribuées aux différents secteurs.

Spécial au 21e corps : En conséquence, vous êtes autorisé à occuper les passages des Vosges, du col du Bonhomme à la trouée de Saales.

Également du 5 août, l'ordre suivant :

Avions et dirigeables français sont autorisés à survoler le territoire belge, mais les troupes belges, *ayant hier encore l'ordre de tirer sur tous les appareils aériens*, et ce contre-ordre pouvant n'être pas connu de tout le monde, il importe que nos pilotes volent assez haut.

Des reconnaissances de cavalerie sont également autorisées à pénétrer en territoire belge, mais elles ne peuvent être appuyées encore par de trop gros détachements. Il convient de profiter dès maintenant, *avec discrétion*, de cette autorisation en vue d'occuper, au plus près de la frontière luxembourgeoise, les routes partant du front Virton—Stavelot et se dirigeant vers l'ouest.

Recommandation expresse sera faite aux détachements de se considérer comme en pays ami et allié, de n'exercer aucune réquisition avant que la convention en voie d'exécution ne soit connue, de ne rien acheter qu'à l'amiable et en payant comptant.

Notons qu'à la date du 5 août, où était lancé cet ordre si prudent qu'il frise la pusillanimité, il y avait trois jours que les Allemands étaient entrés en Luxembourg et avaient adressé leur ultimatum à la Belgique, et vingt-quatre heures qu'ils avaient franchi la frontière germano-belge sur un grand nombre de points. Le 4 août au matin, ils étaient déjà à Warsage, à 12 kilomètres dans l'intérieur de la Belgique.

Je ne songe pas à faire reproche au haut commandement français des ordres relatifs à la couverture qu'il a donnés dans les derniers jours de juillet et dans les premiers d'août. Il les a donnés sur l'injonction formelle du Gouvernement, qui ne regardait pas du côté de la frontière, mais du côté de l'Angleterre et de l'Italie et qui, il faut bien le dire aussi, était paralysé par les tergiversations du Gouvernement belge. En étudiant notre plan initial d'opérations, j'expliquerai avec plus de détails l'importance du facteur diplomatique.

En ce qui concerne les opérations de la mobilisation à l'intérieur du territoire, il n'y a qu'à rendre hommage à la parfaite régularité avec laquelle elles se sont déroulées. C'est, si je ne me trompe, en avril 1914 que le nouveau plan de mobilisation, nécessité par l'application de la loi de trois ans, fut mis en vigueur. Il avait exigé un énorme travail de la part des officiers du 1er Bureau de l'État-major de l'armée (1). Il est

____

(1) Il m'est impossible de ne pas saluer ici la mémoire de mon ami le général Stirn, tombé glorieusement à Arras en avril 1915, et qui, avant la guerre, avait été pendant de longues années la cheville ouvrière du 1er Bureau de l'État-major de l'armée. Il était un de ces bons artisans de la défense nationale inconnus

providentiel que les Allemands n'aient pas songé à nous attaquer à la fin de l'hiver ou au commencement du printemps de 1914, à l'époque où nous étions en plein « déménagement et emménagement » militaires. Cette considération est même le principal argument de ceux qui soutiennent que, si l'Allemagne avait bien l'intention de nous sauter à la gorge un jour ou l'autre, la date du 1er août, pour le déclenchement des hostilités, n'avait pas été arrêtée d'avance, et que les hommes d'État allemands, l'Empereur tout le premier, ont été menés par les événements et finalement prisonniers de leur propre bluff [1]. C'est une discussion que je ne veux pas aborder ici.

Quoi qu'il en soit, au mois d'août tout était en place chez nous, et, le jour venu, tout marcha à souhait. Les sabotages, que des esprits moroses prévoyaient, furent radicalement empêchés par de judicieuses mesures de précaution. Le fonctionnement des chemins de fer fut parfait. Il avait été réglé sur des bases très saines lors du long ministère de M. de Freycinet, et c'est, je

---

du grand public, dont la vive intelligence et le labeur acharné nous ont sauvés du désastre, malgré les insignes folies des politiciens.

[1] Je n'ignore pas que, de leur côté, les Allemands avaient, au début de 1914, beaucoup de « meubles militaires » à mettre en place pour la mise en vigueur de leur loi de 1913. Mais les remaniements de leur plan de mobilisation étaient peu de chose en comparaison de la refonte complète que nous avions à opérer.

crois bien, le meilleur titre de gloire de cet homme
politique en ce qui concerne son action à la rue
Saint-Dominique. Les transports de couverture,
commencés le 31 juillet à 21 heures, étaient terminés le 3 août à 12 heures, sans aucun retard, ni au départ ni à l'arrivée, et sans que le
service commercial eût été suspendu. Cette opération, sur le seul réseau de l'Est, avait demandé
plus de 600 trains. C'est un nombre à peu près
égal qu'avaient exigé, sur le même réseau, les
transports de mobilisation du 2 au 5 août. Le
5 août commencèrent les transports de concentration répartis en deux périodes : la première du
5 au 12 août, consacrée au transport des éléments
de première urgence, la seconde du 12 au 18. Au
cours de la première, 20 trains seulement sur 2.600
avaient subi de légers retards, tous compensés dans
la deuxième période. Près de 4.500 trains furent
mis en marche du 5 au 18 août. Et ces résultats
excellents avaient été obtenus bien que quatre
de nos corps d'armée eussent été acheminés au
début des opérations sur des destinations différentes de celles qui avaient été primitivement
prévues.

En définitive, la mobilisation, qui est surtout
affaire de prévoyance et de soins minutieux, et
qui est essentiellement besogne d'état-major, avait
été un grand succès et légitimait dès le début
les plus grandes espérances.

II — LE PLAN INITIAL D'OPÉRATIONS

Quelque minutieux qu'il puisse être, le travail qui incombe à un état-major pour assurer dans de bonnes conditions la mobilisation, c'est-à-dire le passage du pied de paix au pied de guerre d'une armée de plusieurs millions d'hommes, est infiniment moins délicat que celui qui consiste à concentrer sur la frontière les forces mobilisées. Cette concentration résulte elle-même du plan initial d'opérations établi dès le temps de paix. Le dispositif adopté doit être assez souple pour que le généralissime ait la liberté de modifier les débarquements, de déplacer après les débarquements le centre de gravité de ses armées ou encore de renforcer telle d'entre elles au moyen de changements dans l'ordre de bataille. Ces variantes peuvent être, en effet, rendues nécessaires soit par un accident survenu aux troupes de couverture chargées de protéger la concentration, soit par une meilleure connaissance du plan ennemi. Toutefois, l'énormité des effectifs mis aujourd'hui en branle enlève à cette dernière considération une partie de l'importance qu'elle avait encore en 1870. Il est difficile de tenir compte de toutes les manœuvres possibles et de réserver la décision du chef pour le moment où il aura sur l'ennemi tous les renseignements désirables. C'est plutôt la résolution d'agir dans un sens déterminé qui doit servir de base, si bien que le dispositif initial de la concentration contient en germe celui de la première bataille.

D'une façon générale on distingue trois types de concentrations auxquels tous les autres peuvent se ramener : la défensive pure, avec l'idée de gagner du temps; la défensive stratégique, dans le but d'obtenir une décision finale, c'est-à-dire de prendre à un moment donné l'offensive; enfin l'offensive stratégique [1].

La neutralité belge.

On conçoit que le choix soit déjà fort malaisé, alors même qu'on n'a pas d'autre hypothèse à prévoir qu'un duel avec une nation voisine, dans des conditions de temps et d'espace parfaitement définies, et qu'on est en droit de supposer chez les deux adversaires une égale liberté d'action. Malheureusement, du fait de l'inconnue belge, aucune de ces restrictions avantageuses n'existait pour nous. La France, aux yeux de laquelle les traités sont autre chose que des chiffons de papier, était absolument décidée à respecter la neutralité belge. Nous avions au contraire les plus fortes raisons de penser que cette

---

[1] Voir le général DE BERNHARDI : *La Guerre d'aujourd'hui.*

neutralité serait violée par l'Allemagne. Non seulement les masses que les Allemands avaient l'intention de diriger sur la France, mais le désir si souvent manifesté par leurs doctrinaires d'un enveloppement « colossal », le fait qu'ils avaient construit de très nombreux quais de débarquement sur les voies ferrées voisines de la Belgique, enfin leur absence bien connue de scrupules, étaient autant d'indices qu'ils chercheraient à utiliser pleinement contre nous la détestable frontière que nous ont value les désastres de 1815 et de 1870. Cependant nous n'en avions pas la certitude absolue, parce qu'avec notre finesse de Français nous nous demandions si, pour un avantage purement stratégique, les Allemands n'y regarderaient pas à deux fois avant de prendre une mesure susceptible de leur attirer une déclaration de guerre immédiate de l'Angleterre. Et après tout, nous nous disions que si les Allemands s'en tenaient à l'idée, maintes fois exprimée chez eux, de n'engager dans la première bataille que des corps actifs et de garder en seconde ligne leurs unités de réserve, il n'y avait pas pour eux d'impossibilité matérielle à déployer entre Longwy et Belfort vingt ou vingt-deux corps d'armée; l'éclair de la manœuvre pouvait jaillir de la formidable *Moselstellung* (¹) aussi bien que de Liége.

---

(1) Les Allemands appellent *Moselstellung* l'ensemble des positions fortifiées de Metz et de Thionville.

Il résulte de tout ceci que la prudence la plus élémentaire nous commandait de tenir compte de multiples hypothèses. Il nous fallait envisager non seulement toutes les variantes possibles de la concentration allemande en Alsace et en Lorraine, mais une invasion du Luxembourg grand-ducal, une violation du Luxembourg belge, enfin une extension du dispositif ennemi sur la rive gauche de la Meuse.

Un pareil doute laissait forcément aux Allemands l'initiative de l'attaque et nous réduisait au début à la riposte stratégique. En réalité, cette infériorité aurait pu être compensée par une entente préalable entre les États-majors belge et français, strictement limitée au cas d'une violation de la neutralité belge par l'Allemagne. Quelques-uns de nos auteurs militaires l'avaient préconisée. Ils faisaient ressortir avec juste raison le grand rôle que jouerait la place de Namur pour protéger notre flanc gauche si les Allemands faisaient brusquement irruption dans Liége, et ils souhaitaient l'envoi d'un fort détachement de couverture à Namur, par exemple de notre 2e corps, qui serait parti dès la déclaration de guerre avec ses effectifs de paix pour donner la main à l'armée belge. Ils proposaient de faire connaître au Gouvernement royal qu'en cas de conflit avec l'Allemagne nous n'envahirions jamais les premiers le sol belge, mais que si l'Allemagne se permettait une dérogation au droit international,

nous avions tout disposé pour accourir à la res-
cousse. Notre Gouvernement, soucieux avant tout
de ne pas faire suspecter ses intentions et crai-
gnant sans doute d'être mal compris, ne voulut
pas s'engager dans cette voie, et on peut affirmer
sans crainte de démenti qu'aucune conversation sur ce sujet ne fut jamais entamée ni
entre diplomates, ni entre officiers belges et
français.

A ceux qui seraient tentés de nous en faire
un reproche il serait facile de répondre qu'à deux
reprises différentes des officiers anglais, attachés
militaires à Bruxelles, ayant essayé de causer
avec des représentants de l'État-major belge
sur les dispositions qui pourraient être prises
en commun *après* la violation de la neutralité
belge par l'Allemagne, avaient été incapables
d'amorcer aucune espèce de convention militaire anglo-belge. Il y eut en 1906 des entretiens
entre le général Ducarne et le colonel Barnardiston, dont la presse allemande, avec sa mauvaise foi ordinaire, a essayé de faire état. La meilleure preuve que ces entretiens n'ont eu aucun
résultat est qu'ils ont été repris en 1912, et sans
plus de succès, par le colonel Bridges et le général
Jungbluth. Un communiqué officiel belge, publié
au début de la guerre pour répondre aux accu-
sations de la *Gazette de l'Allemagne du Nord*,
expose avec une parfaite netteté le *non possumus*
que le Gouvernement belge, par un scrupule

peut-être excessif, mais qui atteste en tout cas sa parfaite loyauté, a invariablement opposé à tout projet d'entente militaire. Voici ce document :

Les entretiens du général Ducarne et du colonel Barnardiston ont-ils été suivis d'une convention, d'une entente?

L'Allemagne va nous répondre elle-même par un document qu'elle a fait publier par la *Gazette de l'Allemagne du Nord*, le 25 octobre. Ce document, relatif à l'entrevue entre le général Jungbluth et le colonel Bridges, fournit le témoignage éclatant que l'entretien sur la prestation de la garantie par l'Angleterre, en 1912, n'avait eu aucune suite et était au point même où il avait été laissé six ans auparavant, en 1906.

Aucun document ne pourrait justifier d'une façon plus claire la loyauté avec laquelle le Gouvernement du Roi a rempli ses obligations internationales.

Le colonel Bridges aurait dit que, lors des derniers événements, comme nous n'étions pas à même de défendre notre neutralité, le Gouvernement britannique aurait débarqué immédiatement, même si nous n'avions pas demandé de secours.

A quoi le général Jungbluth aurait répondu immédiatement : « Mais vous ne pourriez débarquer chez nous qu'avec notre consentement. »

Y a-t-il lieu d'attacher une importance si grande aux appréciations d'un attaché militaire qui, nous serions à même de le prouver, n'ont jamais été partagées par le Foreign office? Admettait-il la thèse, fausse d'après nous, bien que défendue par certains auteurs, qu'en cas de violation de la neutralité, l'intervention du garant est justifiée même en l'absence d'appel du garanti? Nous n'en savons rien. Une chose est certaine, c'est que l'attaché militaire n'a pas insisté en présence de l'objection du général.

La Belgique était-elle tenue de faire part de ces entretiens à ses garants? Quant au premier, le colonel Barnardiston n'avait pas qualité pour contracter un engagement, pas plus que le général Ducarne n'avait qualité pour prendre acte d'une promesse de secours. Les conversations incriminées avaient d'ailleurs un caractère purement militaire, elles ne pouvaient avoir aucune portée politique, elles n'ont jamais fait l'objet d'une délibération du Gouvernement et elles n'ont été connues que beaucoup plus tard au département des Affaires étrangères.

En ce qui concerne l'entretien du général Jungbluth avec le colonel Bridges, fallait-il avertir les puissances que celui-ci avait émis un avis que le Gouvernement du Roi pas plus que le Gouvernement britannique n'admettrait, et contre lequel le général Jungbluth avait immédiatement protesté sans que son interlocuteur ait cru devoir insister?

La prétendue justification de l'Allemagne se retourne contre elle. Dans son discours du 4 août, dans son entretien du lendemain avec l'ambassadeur d'Angleterre, le chancelier de l'Empire a déclaré que l'agression contre la Belgique était uniquement motivée par des nécessités stratégiques. La cause est entendue.

La phrase du général Jungbluth : « Vous ne pourriez débarquer chez nous qu'avec notre consentement », prend toute sa valeur quand on examine ce qui s'est passé dans les premiers jours du mois d'août. Non seulement le Gouvernement belge n'a fait aucune tentative pour obtenir l'aide militaire de la France pendant les dix jours de tension politique qui ont précédé la déclaration de guerre de l'Allemagne à la France, bien que chaque journée écoulée rendît plus probable la violation du territoire belge, mais la Belgique a décliné toute offre de secours jusqu'au 4 août, c'est-à-dire jusqu'au jour où l'invasion de son sol a été un fait accompli. Le seul appui qu'elle ait réclamé avant cette date du 4 août est l'appui *diplomatique* de l'Angleterre, à la suite du brutal ultimatum de M. de Below-Saleske. Les documents suivants, extraits du *Livre jaune français* et du *Livre bleu anglais*, en font foi.

Le 1er août, M. Viviani télégraphie aux ambassadeurs de France et au ministre de France à Bruxelles :

L'ambassadeur d'Angleterre est venu, d'ordre de son Gouvernement, me demander quelle serait, en cas de conflit avec l'Allemagne, l'attitude du Gouvernement français vis-à-vis de la Belgique. J'ai déclaré que, comme nous l'avions répété à plusieurs reprises au Gouvernement belge, nous entendions respecter sa neutralité. Ce serait seulement dans le cas où cette neutralité serait violée par une autre puissance que la France, pour remplir ses obligations de puissance garante, pourrait être amenée à pénétrer sur le territoire belge.

Le 2 août, le ministre d'Allemagne à Bruxelles ayant sommé le Gouvernement belge de laisser passer les troupes allemandes, la France offre, dès le lendemain, son aide à la Belgique; la Belgique refuse, ainsi qu'en témoigne cette dépêche de M. Klobukowski à M. Viviani :

A l'assurance que je lui donnais que, si la Belgique faisait appel à la garantie des puissances contre la violation de sa neutralité par l'Allemagne, la France répondrait immédiatement à son appel, le ministre des Affaires étrangères m'a répondu :

« C'est bien sincèrement que nous remercions le Gouvernement de la République de l'appui éventuel qu'il pourrait nous offrir, mais dans la circonstance actuelle nous ne faisons pas appel à la garantie des puissances. Ultérieurement le Gouvernement du Roi appréciera ce qu'il y a lieu de faire. »

Un autre document publié dans le *Blue Book* donne même, à propos de l'offre française, une précision que ne confirme d'ailleurs pas notre *Livre jaune*. Sir F. Villiers, ministre de Grande-Bretagne à Bruxelles, télégraphie à Sir E. Grey :

Le Gouvernement français, par l'intermédiaire de son attaché militaire, a offert au Gouvernement belge l'appui de cinq corps d'armée français. La réponse du Gouvernement belge a été... etc.

Et en effet, le 3 août, au reçu de l'ultimatum

allemand, la Belgique ne réclame encore que l'intervention diplomatique de l'Angleterre, Sir E. Grey le fait savoir à sir E. Goschen, ambassadeur britannique à Berlin.

Le roi des Belges s'est adressé à S. M. le Roi, en vue d'une intervention diplomatique en faveur de la Belgique, dans les termes suivants : « Me rappelant les nombreuses preuves d'amitié de Votre Majesté et de son prédécesseur, ainsi que l'attitude amicale de l'Angleterre en 1870 et le témoignage que vous venez de nous donner encore, je fais un suprême appel à l'intervention diplomatique du Gouvernement de Votre Majesté pour la sauvegarde de l'intégrité de la Belgique.

C'est donc le 4 août seulement, quand son territoire vient d'être violé, que la Belgique ouvre les bras à ses défenseurs. M. Davignon s'adresse alors aux ministres de Grande-Bretagne, de France et de Russie, à Bruxelles :

Les forces armées de l'Allemagne ont pénétré sur le territoire belge en violation des engagements qui ont été pris par traité. Le Gouvernement du Roi est fermement décidé à résister par tous les moyens en son pouvoir. La Belgique fait appel à l'Angleterre, à la France et à la Russie pour coopérer comme garantes à la défense de son territoire. *Il y aurait une action concertée et commune ayant pour but de résister aux mesures de force employées par l'Allemagne contre la Belgique, et en même temps de garantir le maintien de l'indépendance de la Belgique dans l'avenir. La Belgique est heureuse de pouvoir déclarer qu'elle assume la défense des places fortes.*

Il est scrupuleusement exact que ces lignes, écrites par M. Davignon le 5 août 1914, alors que l'armée française était déjà en pleine mobilisation, constituent le premier projet d'entente militaire franco-belge qui ait jamais été jeté sur le papier.

Pour dire toute la vérité, notre État-major, loin de pouvoir rien préparer de concert avec l'État-major belge, avait même dû se préoccuper dans ces dernières années de quelques publications militaires belges propres à inspirer des doutes sur la conduite qu'observerait l'armée belge, dans le cas où la neutralité de son pays serait violée par l'Allemagne. On peut signaler comme modèle du genre la brochure parue en 1911, intitulée : *Situation de la Belgique en prévision d'un conflit franco-germain*, et signée du pseudonyme O. Dax, sous lequel on croyait reconnaître une haute personnalité militaire. O. Dax dénonçait, non sans justesse, les dangers réels que faisait courir à la Belgique, sous des apparences de trompeuse sécurité, sa position d'État perpétuellement neutre. « Dans le cas d'un conflit avec ses voisins, disait-il, la Belgique est strictement tenue de repousser par la force des armes celui des belligérants qui, le premier, aurait violé la neutralité de son territoire. Elle deviendrait par là même l'alliée de la partie adverse dont elle aurait à partager la bonne ou la mauvaise fortune. » Cette perspective ne souriait que médiocrement à O. Dax qui ajoutait : « N'hésitons pas, le cas échéant, à *diriger* les événements de telle sorte, notamment, que notre alliance avec le plus fort des belligérants se puisse justifier par les faits... Il est incontestable que, jusqu'en ces derniers temps, il eût été notablement plus avantageux pour la Belgique, quel que pût être d'ailleurs le sentiment de ses habitants à cet égard, d'épouser éventuellement la cause du puissant Empire germanique. En serait-il de même aujourd'hui? Peut-être, bien que, cependant, l'attitude correcte et patriotique de la France, durant les pourparlers relatifs à la question marocaine, puisse donner à réfléchir sur ce point. »

Ce sera l'éternel honneur du roi Albert et de son Gouvernement de ne pas avoir prêté l'oreille à des suggestions aussi habiles, pour ne pas dire perfides, et d'avoir fait leurs les nobles paroles de Sir E. Goschen répliquant à M. de Jagow : « Si c'est pour la stratégie allemande une affaire de vie ou de mort d'envahir la Belgique, c'est une affaire de vie ou de mort pour l'*honneur* de la Grande-Bretagne de tenir sa parole. La crainte des conséquences ne peut jamais être considérée comme une excuse pour la rupture d'engagements solennels (¹). »

---

(1) *Livre jaune*, p. 193.

Jusqu'au dernier moment, les Allemands se sont fait des illusions sur la fermeté du Gouvernement belge et sur le rôle qu'il assignerait à son armée. Influencés sans doute par d'autres brochures militaires belges, qui conseillaient à l'armée belge une attitude expectante sous les murs d'Anvers, ils faisaient parvenir au Gouvernement belge, le 10 août, après la prise de Liége, par la voie indirecte de leur ministre à La Haye, une invitation à cesser les hostilités, l'honneur belge, d'après la mentalité germanique, étant désormais sauf :

Après que l'armée belge a, dans une résistance héroïque, maintenu l'honneur de ses armes de la façon la plus brillante, le Gouvernement allemand prie S. M. le Roi et le Gouvernement belge d'éviter à la Belgique les horreurs ultérieures de la guerre. Il est prêt à tout accord avec la Belgique pouvant se concilier avec le conflit franco-allemand (1).

L'espérance que nourrissait l'État-major allemand devait créer chez le nôtre une légitime appréhension. Il aurait manqué à son devoir de prudence en rejetant *a priori* l'hypothèse de l'armée belge se retirant, après la chute de Liége, dans la grande place d'Anvers pour attendre les événements.

On se tromperait en voyant dans ces lignes

______

(1) *Livre jaune*, p. 207.

l'ombre d'une récrimination à l'adresse des Belges. Je fais une étude purement militaire, et j'établis les données du problème militaire que nous avions à résoudre.

L'attitude de l'Angleterre.

Ne pouvant savoir *a priori* l'extension que prendrait le théâtre des opérations, nous n'étions pas davantage fixés sur les effectifs globaux susceptibles d'être opposés aux Allemands sur notre frontière du Nord-Ouest au début des hostilités. Outre que l'arrivée de nos troupes d'Afrique dans un temps donné était subordonnée aux aléas d'un transport à travers une mer dont la maîtrise pouvait nous être contestée, nous n'étions pas assurés de l'assistance du corps expéditionnaire britannique. Beaucoup de nos compatriotes, dans leur for intérieur, avaient tranché cette grave question dans le sens favorable. A leurs yeux l'Angleterre ne pouvait, par sa neutralité, laisser écraser la France sans se suicider elle-même. Et comme le sort de la guerre se déciderait sur terre, en Lorraine ou en Belgique, et que, bien entendu, cette guerre serait très courte, la logique la plus élémentaire commandait à l'Angleterre de ne pas différer d'un jour l'expédition sur le continent de ses divisions régulières. Le malheur est que ce raisonnement méconnaissait le caractère du peuple anglais, moins accessible que nous aux idées générales, moins épris de logique pure, et ne se décidant le plus souvent que sur des cas d'espèce. Quelque profondes que puissent être les vues d'un homme d'État britannique, il lui reste toujours la tâche, parfois malaisée, de faire accepter ses solutions par l'opinion publique, souveraine en son pays.

Il est vrai que beaucoup de Français, de ceux précisément qui se croyaient « au courant », avaient pu être abusés par les conférences que les États-majors français et anglais avaient tenues dans ces dernières années, et qui avaient été trop fréquentes pour rester absolument secrètes. De ce qu'un plan militaire avait été étudié en commun, ils concluaient qu'il y avait engagement réciproque des deux pays l'un vis-à-vis de l'autre. Rien n'était moins exact. La vérité est que la diplomatie britannique a une précieuse qualité, celle de ne pas s'absorber dans l'expédition des affaires courantes, d'observer de temps en temps l'horizon et de prendre en conséquence toutes ses précautions. En autorisant les officiers anglais à préparer minutieusement, de concert avec les nôtres, le débarquement et l'emploi dans le Nord de la France de tout ou partie du corps expéditionnaire, le Gouvernement de Londres faisait un geste analogue à celui de 1898, alors qu'il élaborait avec l'Allemagne un projet de partage des colonies portugaises ; non pas que ce partage fût résolu dans son esprit, ni même qu'il le trouvât désirable, mais parce qu'il faut toujours se garder à carreau, en prévision de toutes les éventualités possibles.

On sait aujourd'hui d'une façon précise, par la communication qu'a faite M. Viviani à la Chambre dans la séance du 4 août, que si des mesures de prévoyance avaient été prises par le haut commandement des armées française et britannique, la liberté politique des deux pays restait entière. Le 22 novembre 1912 Sir E. Grey et M. Paul Cambon échangeaient deux lettres à peu près identiques. Voici celle de Sir E. Grey :

Mon cher Ambassadeur,

A différentes reprises, au cours de ces dernières années, les états-majors militaires et navals de la France et de la Grande-Bretagne ont échangé leurs vues. Il a toujours été entendu que ces échanges de vues ne portent pas atteinte à la liberté de l'un et de l'autre Gouvernement de décider à n'importe quel moment dans l'avenir s'il doit ou non soutenir l'autre avec ses forces armées. Nous avons admis que des échanges de vues entre techniciens ne constituent pas et ne doivent pas être regardés comme constituant un engagement qui oblige l'un ou l'autre Gouvernement à intervenir dans une éventualité qui ne s'est pas encore présentée et qui peut ne jamais naître. Par exemple, la répartition actuelle des flottes française et anglaise ne repose pas sur un engagement de collaborer en temps de guerre.

Vous avez cependant fait remarquer que, si l'un ou l'autre Gouvernement avait de graves raisons de redouter une attaque de la part d'une tierce puissance sans aucune provocation, il serait essentiel de savoir si, dans cette circonstance, il pourrait compter sur l'assistance militaire de l'autre puissance.

J'accepte que, si l'un ou l'autre Gouvernement a de graves raisons de craindre une attaque sans provocation de la part d'une tierce puissance, ou tout autre événement menaçant la paix générale, ce Gouvernement examine immédiatement avec l'autre s'ils ne doivent pas agir tous deux ensemble pour empêcher l'agression et maintenir la paix, et, dans ce cas, rechercher les mesures qu'ils seraient disposés à prendre en commun. Si ces mesures comportaient une action militaire, les plans des États-majors généraux seraient aussitôt pris en considération et les deux Gouvernements décideraient alors la suite qu'il conviendrait de leur donner.

L'événement a prouvé la sagesse de ces dispositions. Il est évident que les corps anglais n'auraient pu débarquer et se concentrer aussi rapidement s'il avait fallu improviser et si tous les détails de ces délicates opérations n'avaient pas été réglés d'avance. Et pour apprécier tout le mérite qu'ont eu les autorités militaires anglaises en ne reculant pas devant des mesures de prévoyance, il faut se rappeler qu'elles allaient à l'encontre d'un assez fort courant d'opinion.

Il y avait en effet en Angleterre le clan des pessimistes, ceux pour qui l'armée régulière n'était « ni organisée ni équipée pour servir sur les champs de bataille européens ». Cette assertion était notamment produite en 1913 dans une brochure qui fit beaucoup de brut : *The naval and military Situation of the British Isles*, par *Islander*, pseudonyme qui cachait un membre influent de la Chambre des Lords. Il y avait aussi les timorés, ceux qu'hypnotisait la crainte du fameux débarquement en Angleterre, dès la déclaration de guerre, de 70.000 Allemands. Cette hypothèse avait été retenue par le Comité de Défense impérial, et c'est sur ce thème qu'avaient roulé depuis deux ans les manœuvres navales. Or précisément à la même époque, la *National Service League*, au cours de la vigoureuse campagne qu'elle menait sous l'impulsion de Lord Roberts pour l'adoption du service obligatoire, dénonçait les imperfections de l'armée territoriale, telle que l'avait conçue Lord Haldane, spécialement préposée à la défense des Iles Britanniques en temps de guerre. Cette campagne n'avait pas converti le grand public au service obligatoire, mais, à force de s'entendre répéter que l'armée territoriale n'avait pas de valeur militaire et serait incapable d'accomplir sa tâche, le grand public se demandait avec anxiété s'il ne serait pas souverainement imprudent de démunir la métropole du corps expéditionnaire. De temps en temps les déclarations ambiguës des repré-

sentants du Gouvernement semblaient le con-
firmer dans cette croyance. C'est ainsi qu'il y
a deux ans, au commencement de février 1913,
dans une séance de la Chambre Haute, Lord Roberts et Lord Stanhope demandaient si les dispositions avaient été prises pour envoyer sur le
continent, dès la déclaration de guerre, la totalité du corps expéditionnaire : solution, ajoutait
Lord Stanhope, qui est celle de tous les militaires.
Le Lord Chancelier, rappelant l'opinion du Comité impérial de Défense sur la possibilité d'une
invasion par un corps de 70.000 Allemands, répondait que la question soulevée par les Lords
Roberts et Stanhope était susceptible d'être tranchée de façon différente suivant les circonstances,
et Lord Crewe ajoutait que, suivant les circonstances, on pourrait envoyer sur le continent
deux, quatre ou six divisions...

Il y avait enfin la phalange des publicistes qui
se refusaient à admettre que le corps expéditionnaire pût être, en temps de guerre, occupé à
autre chose qu'à la défense directe des posses-
sions britanniques d'outre-mer. *Islander* affirmait
que « la Grande-Bretagne doit combattre sur
mer, et non pas sur les rivages; que ses flottes, et
non pas ses armées, sont sa contribution dans
tout effort combiné avec une grande puissance
européenne; que l'armée anglaise ne peut avoir
que deux destinations : le renforcement des garnisons britanniques sur tous les points menacés

de l'Empire, et la défense des côtes de la mère patrie ». Par-dessus tout planait le souci de l'Inde. Aujourd'hui qu'on connaît l'admirable effort personnel de Lord Kitchener qui disait à qui voulait l'entendre qu'il ne serait content que lorsqu'un million de soldats britanniques combattraient côte à côte avec les Français contre les Allemands, il est permis de rappeler que les partisans en Angleterre du moindre effort militaire sur le continent européen s'appuyaient sur l'autorité du même Lord Kitchener qui avait naguère, en sa qualité de commandant en chef de l'armée de l'Inde, attiré l'attention sur les mesures à prendre dans l'Inde en cas de conflagration universelle. En quoi Lord Kitchener était strictement dans son rôle.

L'incertitude dans laquelle était le haut commandement français touchant la coopération anglaise était donc légitime. Elle devait durer jusqu'au 5 août 1914. Les documents du *Livre jaune* et du *Blue Book* prouvent pertinemment qu'au début de la période de tension politique, c'est-à-dire le 24 juillet, l'Angleterre n'était nullement décidée à prendre part à une guerre qui s'annonçait déjà comme extrêmement menaçante entre l'Allemagne et l'Autriche d'une part, la Russie et la France de l'autre. M. Sazonoff a beau dire, le 24 juillet, à Sir G. Buchanan que l'Angleterre rendrait la guerre beaucoup plus probable si elle ne prenait pas nettement position,

M. Poincaré a beau tenir à peu près le même langage à Sir F. Bertie (¹), l'Angleterre ne veut s'engager à rien. Sir G. Buchanan répond à M. Sazonoff qu' «il ne faut pas s'attendre à une déclaration de solidarité de la part du Gouvernement de Sa Majesté, que les intérêts directs de la Grande-Bretagne en Serbie sont nuls, et qu'une guerre en faveur de ce pays ne serait jamais sanctionnée par l'opinion publique britannique » (²). Quatre jours plus tard, le 28 juillet, Sir E. Grey trouve nécessaire de dire à M. Paul Cambon que « l'opinion anglaise envisage la difficulté actuelle d'un point de vue tout à fait différent de celui qu'elle avait adopté au sujet du Maroc il y a quelques années... Dans le cas du Maroc il s'agissait d'un conflit où il paraissait que l'Allemagne cherchait querelle à la France à propos d'une affaire qui avait été l'objet d'une convention spéciale entre la France et la Grande-Bretagne. Mais le différend entre l'Autriche et la Serbie n'est pas un cas où nous nous sentons appelés à jouer un rôle actif, même si la question arrivait à se poser entre l'Autriche et la Russie, parce que ce ne serait qu'une question de supré-

----

(1) « Si le Gouvernement de Sa Majesté annonçait que l'Angleterre viendrait en aide à la France dans le cas d'un conflit entre la France et l'Allemagne, résultant du différend actuel entre l'Autriche et la Serbie, il n'y aurait pas de guerre, car l'Allemagne modifierait aussitôt son attitude. » Paroles profondément justes ! *Livre jaune*, p. 182.

(2) *Livre jaune*, p. 179.

matie entre le Teuton et le Slave dans les Balkans, et que l'idée anglaise a toujours été d'éviter une guerre à propos des Balkans. Si l'Allemagne se trouve entraînée dans la lutte, et si, par suite, la France y est à son tour impliquée, nous n'avons pas décidé ce que nous ferions » (¹). Même attitude expectante le 31 juillet. C'est seulement le 2 août que Sir E. Grey fait connaître à M. Paul Cambon le genre d'aide que l'Angleterre est disposée à donner à la France en cas de guerre :

Dans le cas où l'escadre allemande franchirait le détroit ou remonterait la mer du Nord pour doubler les Iles Britanniques dans le but d'attaquer les côtes françaises ou la marine de guerre française, ou d'inquiéter la marine marchande française, l'escadre anglaise interviendrait pour prêter à la marine française son entière protection, de sorte que dès ce moment l'Angleterre et l'Allemagne seraient en état de guerre (²).

Encore ce texte n'avait-il été obtenu qu'à la suite d'une négociation entre Sir E. Grey et M. Paul Cambon. Un premier texte ne mentionnait que la protection des côtes et de la marine marchande françaises, et semblait indiquer que la flotte anglaise ne prendrait pas part à un conflit entre les escadres françaises et allemandes (³).

____

(1) *Livre jaune*, p. 181.
(2) *Ibid.*, p. 169.
(3) *Ibid.*, p. 143 et 144.

Pour bien comprendre pourquoi cette assistance
limitée nous était offerte par l'Angleterre, il ne
faut pas perdre de vue que cette dernière s'y
croyait obligée par simple loyauté. Il était en
effet résulté de l'entente franco-anglaise dans ces
dernières années une répartition des escadres
françaises et anglaises telle que la presque totalité de nos forces navales était concentrée dans
la Méditerranée, ce qui avait permis à l'Amirauté
anglaise de renforcer considérablement sa *Home
fleet* au détriment de l'escadre de Malte. L'Angleterre aurait donc cru être déloyale en ne donnant pas à la France une contre-assurance dans
la mer du Nord, la Manche et l'Océan Atlantique.
Mais ceci n'impliquait pas absolument un état de
guerre entre l'Angleterre et l'Allemagne, et, de
fait, nous savons aujourd'hui que celle-ci aurait
consenti à cette limitation de son action navale.
« L'ambassadeur d'Allemagne à Londres, télégraphiait M. Paul Cambon à M. Viviani le 3 août, a
adressé à la presse un communiqué disant que,
si l'Angleterre restait neutre, l'Allemagne renon-
cerait à toute opération navale et ne se servirait
pas des côtes belges comme point d'appui (¹). »

Parfaitement renseigné par M. Paul Cambon,
M. Viviani sentait mieux que personne la nécessité d'être extrêmement prudent au cours de la
période de tension politique, si on voulait orienter

-----

(1) *Livre jaune,* p. 147.

dans un sens favorable à nos intérêts les résolutions de l'Angleterre. Il avait sans doute présente
à l'esprit la note échangée en 1912 par Sir E. Grey
et notre ambassadeur, et qui ne faisait entrevoir
la possibilité d'une coopération franco-anglaise
que si l'un ou l'autre pays avait de graves raisons
de redouter l'attaque d'une tierce puissance *sans
aucune provocation*. Aussi ne cesse-t-il de recommander à M. Cambon de bien marquer à Sir E. Grey
que nous avons constamment obéi à la préoccupation de ne commettre aucun acte de provocation.
Le 1er août, il explique que notre décret de mobilisation est essentiellement une mesure de préser-
vation, nécessitée par le décret du *Kriegsgefahrzustand*, paravent derrière lequel l'Allemagne a
déjà commencé sa mobilisation proprement dite.
Le Président de la République a également spé-
cifié dans sa proclamation que la mobilisation
n'est pas la guerre, qu'en l'espèce c'est pour la
France le meilleur moyen de sauvegarder la paix
et que le Gouvernement de la République multi-
pliera ses efforts pour faire aboutir les pourparlers.

J'ai expliqué plus haut que notre Gouvernement
avait même fait beaucoup plus que d'imprimer
aux négociations, jusqu'au dernier moment, le
caractère le plus pacifique, et qu'il avait ordonné
l'évacuation par nos troupes de couverture de
la zone frontière jusqu'à une profondeur de 10 kilomètres. Quant à la diplomatie casquée de l'Al-

lemagne, elle ne s'était pas embarrassée de tant de précautions. Elle avait cette idée ancrée que ni la Russie ni l'Angleterre ne *marcheraient*, quoi qu'il arrivât, et quand le doute ne fut plus permis pour la Russie, elle persista dans son erreur en ce qui concernait l'Angleterre: Le 27 juillet, notre chargé d'affaires à Londres, M. de Fleuriau, télégraphiait : « Les ambassadeurs d'Allemagne et d'Autriche-Hongrie laissent entendre qu'ils sont *sûrs* que l'Angleterre gardera la neutralité si un conflit vient à éclater. » Deux jours plus tard, M. Jules Cambon, de Berlin, confirmait la ténacité de cette croyance. « Jusqu'à ces tout derniers jours on s'est flatté ici que l'Angleterre resterait hors du débat. » Ce n'est pas en effet avant le 30 juillet que la diplomatie allemande commence à jeter des regards inquiets sur Londres. Aussitôt elle va faire à l'Angleterre une série de concessions savamment dosées, dont l'énumération est assez plaisante :

1º L'Allemagne, en cas de neutralité anglaise, promet qu'elle ne poursuivra aucune acquisition territoriale aux frais de la France, et que l'intégrité de la Belgique sera respectée si ce pays ne se range pas contre l'Allemagne. Mais l'Allemagne reste encore muette quand l'ambassadeur britannique à Berlin, Sir E. Goschen, demande le sort réservé aux colonies françaises (¹).

----

(1) *Livre jaune,* p. 185.

2° Deux jours plus tard, le 1er août, le prince Lichnowsky presse Sir E. Grey de formuler les conditions moyennant lesquelles l'Angleterre garderait la neutralité. Il suggère que l'Allemagne pourrait garantir l'intégrité de la France et de *ses colonies* (¹).

3° Enfin le 4 août, dernier abandon. D'ordre de Berlin, le prince Lichnowsky donne l'assurance formelle que, *même en cas de conflit armé avec la Belgique*, l'Allemagne ne s'annexera de territoire belge sous aucun prétexte (²)!

Cette fois, M. de Jagow espère avoir contenté l'Angleterre. Il ne saurait d'ailleurs aller plus loin, car il lui faudrait alors empêcher l'entrée des troupes allemandes en Belgique, c'est-à-dire contrecarrer les plans du grand État-major, et M. de Jagow n'y songe pas un instant. Le grand État-major tient à l'invasion de la Belgique, non pas tant, comme il le fait dire par les diplomates, pour ménager la vie de 100.000 Allemands qui tomberaient sous les fortifications françaises de l'Est (les batailles de cette guerre ont montré que la vie humaine n'a guère de valeur pour le

----

(1) *Livre jaune*, p. 187.

(2) Il y a dans cette dépêche de M. de Jagow au prince Lichnowsky (*Livre jaune*, p. 191) une phrase qui aurait pu être méditée avec fruit à La Haye : «La sincérité de cette déclaration est prouvée par notre engagement solennel à l'égard de la Hollande, de respecter strictement sa neutralité. *Il est évident que nous ne pourrions annexer profitablement du territoire belge sans nous agrandir en même temps aux dépens de la Hollande.* »

haut commandement allemand), mais parce que
la doctrine stratégique de Berlin exige un très
vaste déploiement, une manœuvre enveloppante
qui doit conduire la droite allemande jusque vers
Maubeuge et Lille. Toute considération doit céder
devant celle-là. La diplomatie de M. de Jagow en
est donc réduite à causer stratégie avec Londres,
et comme Londres s'obstine à parler du respect
des engagements internationaux et se refuse à
faire passer la stratégie avant la probité politique,
il n'y a pas de terrain commun de discussion,
partant pas d'entente possible. Le catastrophe,
c'est-à-dire l'ultimatum anglais, suivi du départ
de Sir E. Goschen, devait fatalement se produire.
Il faut lire dans le *Blue Book* la pathétique nar-
ration que fait Sir E. Goschen de ses dernières
journées à Berlin, ses entretiens successifs avec
M. de Jagow, avec le chancelier et avec M. Zim-
mermann, qui poussent tour à tour des cris de
désespoir où perce la rage de s'être si grossière-
ment trompés.

Talleyrand, s'il vivait encore, dirait que l'invasion de la Belgique par les Allemands a été
plus qu'une crime, une sottise. Il est certain que
c'est pour le succès en somme problématique,
comme l'a prouvé l'événement, de sa conception
stratégique que le grand État-major s'est mis
à dos toutes les forces de l'Empire britannique,
de même que c'est pour le succès non moins problématique de la guerre sous-marine qu'il s'est

mis plus tard les États-Unis à dos. Rien ne montre mieux l'accord préalable qui doit exister entre les diplomates et les autorités militaires d'un pays, et la nécessité qui s'impose parfois de tenir compte des considérations politiques dans l'établissement d'un plan d'opérations, surtout quand il faut envisager, non pas une guerre avec une nation isolée, mais une conflagration universelle. Je relisais à ce propos le volumineux ouvrage que le général de Bernhardi a intitulé : *La Guerre d'aujourd'hui*, et dans lequel de prodigieuses erreurs voisinent avec de grandes vérités (1). Un long chapitre est consacré à l'influence de la politique sur la conduite de la guerre. Assurément aucune question n'était plus digne d'être traitée à la veille d'une guerre de coalitions comme celle qui risquait de se déchaîner. Mais le lecteur est singulièrement déçu. Le général de Bernhardi consacre un grand nombre de pages à développer ces deux lieux communs, dont le second est d'essence bien germanique : il faut avoir l'armée de sa politique et *la politique de son armée*. Autrement dit, quand un pays a fait des

----

(1) Voici un spécimen des pronostics du général de Bernhardi : « Les adversaires européens de l'Allemagne seront contraints à l'offensive, s'ils veulent obtenir quelque résultat. *Quant à nous, nous ne nous défendrons sûrement pas derrière des remparts et des fossés : le génie du peuple allemand nous en préservera... Toutes ces circonstances me font croire, en dépit de la tendance à se terrer, plutôt à une guerre de mouvements et d'opérations qu'à une guerre de positions.* »

sacrifices considérables pour mettre son armée
au point, il convient de ne pas laisser l'instrument
se rouiller et par conséquent de passer à une
politique agressive. C'est seulement dans un
court paragraphe que le général de Bernhardi
entre dans le vif de son sujet. « On ne pourra pas,
écrit-il, éviter de prendre en considération les conditions politiques si l'on veut déterminer la *direction d'attaque*. Mais l'idéal est toujours de pouvoir
déterminer cette direction pour des raisons purement militaires, et la diplomatie aura réalisé parfaitement sa tâche quand elle aura permis aux
autorités militaires de se conformer à cet idéal. »
Et Bernhardi continue en disant que, si l'Angleterre prend part à la lutte, il y aura à craindre
une offensive franco-anglaise particulièrement dangereuse à travers la Belgique et la Hollande, que
l'Empire allemand a le devoir de prévenir.
Voilà qui est fort juste, mais il est regrettable
pour l'Empire allemand que le Chancelier n'ait
pas averti le chef du grand État-major que
certaine direction d'attaque serait précisément
le plus sûr moyen de déterminer l'Angleterre à
prendre part à la lutte. En agissant de la sorte,
M. de Bethmann-Hollweg aurait rendu à son
pays un plus grand service qu'en entérinant purement et simplement les décisions du général
de Moltke.

L'attitude de l'Italie.

Pour ne pas être incomplet, il faut enfin mentionner le facteur italien. On avait bien l'espoir
que les choses se passeraient comme elles se sont
passées en réalité. Les impertinents, qui ne craignent pas les comparaisons irrévérencieuses, évoquaient à propos de l'Italie le légendaire âne de
Buridan, placé à égale distance de deux bottes
dè foin également appétissantes. Ils prétendaient
que Nice et Tunis d'un côté, Trente et Trieste
de l'autre, constituaient deux proies séduisantes,
mais qu'il faudrait quelques mois de guerre pour
démêler celle qui serait le plus facile à atteindre.
En laissant leurs comparaisons aux impertinents,
on pouvait penser que l'Italie ne suivrait pas
l'Autriche dans sa politique agressive et ne se
tournerait pas contre ses frères d'armes de
1859. Il n'empêche que des calculs militaires et
navals ne peuvent être fondés sur de simples
espérances et qu'en l'espèce il était prudent de
prévoir le pire. En ce qui concerne la répartition de nos forces de terre, la partie qui devait se
jouer en Lorraine ou en Belgique avait évidemment trop de gravité pour que nous fussions
tentés de laisser dans les Alpes des corps d'armée entiers; mais nous ne pouvions cependant
dégarnir complètement notre frontière du sud-est

sans être assurés de la neutralité italienne. La question la plus troublante était encore le rapatriement de nos troupes d'Afrique : opération relativement facile et rapide si nos convois ne devaient être protégés que contre les entreprises de la flotte autrichienne et de quelques croiseurs allemands, mais singulièrement plus délicate s'il avait fallu tenir compte de l'hostilité de la flotte italienne. Quant à notre plan d'offensive navale dans l'Adriatique, il est certain qu'il aurait dû être complètement modifié, ou du moins que son exécution eût été différée jusqu'au moment où nous aurions pu circuler librement entre Toulon et le canal d'Otrante. Par bonheur, nous fûmes merveilleusement servis par la chaude sympathie que l'opinion publique italienne nous marqua dès le début, et aussi par la diplomatie autrichienne qui eut vis-à-vis de l'Italie le même doigté que la diplomatie allemande vis-à-vis de l'Angleterre. En tout état de cause, l'Italie n'aurait probablement pas acquiescé à l'ultimatum brutal adressé à la Serbie, mais la désinvolture du comte Berchtold, qui ne fit même pas part à son alliée de ses intentions, n'influa pas médiocrement sur les déterminations du Cabinet de Rome. Dès le 31 juillet le marquis de San Giuliano, pressenti par M. de Flotow, faisait connaître à ce dernier que la guerre entreprise par l'Autriche, étant donné surtout les « conséquences qui pouvaient en découler, d'après les paroles mêmes de l'ambassadeur d'Allemagne, ayant un caractère agressif ne cadrant pas avec le caractère défensif de la Triple Alliance, l'Italie ne pouvait participer à la guerre » (¹). On conçoit avec quelle joyeuse émotion M. Viviani serra la main de M. Tittoni quand celui-ci vint lui annoncer la bonne nouvelle.

L'erreur du Commandement

Pour juger sans parti pris notre plan initial d'opérations, il ne faut pas perdre de vue les considérations qui précèdent. Tout historique qui passerait sous silence les complications qu'a engendrées le prodigieux enchevêtrement des alliances et des ententes risquerait de fausser les idées. Mais je dois aborder maintenant un chapitre plus pénible, celui des erreurs imputables à notre haut commandement.

La première, l'erreur mère dont toutes les autres ont dérivé, ainsi que je le montrerai plus loin, est celle qui concerne l'évaluation des effectifs des armées allemandes *de premier choc* dirigées contre la France. Je dis de premier choc. Je ne vise pas les effectifs mobilisés, ni même la répartition des forces sur les deux théâtres d'opérations d'Occident et d'Orient, car dans ces deux derniers ordres

____

(1) *Livre jaune*, p.136.

de grandeur les prévisions de notre État-major se sont trouvées presque exactement vérifiées. Je n'en veux d'autre preuve que les chiffres qui figurent dans une brochure parue au commencement de 1914 et intitulée : *La Concentration allemande d'après un document trouvé en chemin de fer.*

Je respecte l'anonymat de l'auteur, mais je puis bien dire que c'était un officier d'état-major du plus grand mérite, qui a parcouru pendant la guerre la plus belle et la plus méritée des carrières et qui a été un des meilleurs artisans de la victoire en 1918, un de ceux à qui est due la reconnaissance du pays. Je ne m'avance pas beaucoup en disant que, dans sa brochure, il n'a fait que refléter les idées courantes de l'État-major de l'armée à la veille de la guerre. Pour les exposer à son aise, il a imaginé de dire qu'il avait trouvé égaré sur une banquette de wagon un précieux document, à savoir le plan de concentration des armées allemandes.

Il dressait le tableau suivant des forces allemandes destinées à opérer contre la France :

22 corps d'armée actifs, soit. . .	850.000 hommes.
20 divisions de réserve, soit. . . .	320.000 —
5 divisions de landwehr, soit. . .	80.000 —
12 divisions de cavalerie, soit. . .	40.000 —
Formations d'artillerie lourde, pionniers, etc., soit	15.000 —

Total : 1.305.000 combattants, dont 905.000 de

l'armée active, donnant aux Allemands une supériorité numérique de 305.000 hommes, dont 155.000 de troupes de première qualité, sur les armées françaises supposées renforcées de 70.000 Britanniques.

Or, voici les chiffres que l'on trouve dans le document intitulé : *Quatre mois de guerre*, publié le 10 décembre 1914 par le G. Q. G. des armées de l'Est :

« Au début de la campagne, l'Allemagne a mobilisé contre la France :

« 21 corps d'armée actifs ;
« 13 corps d'armée de réserve (soit 26 divisions) ;
« 10 divisions de cavalerie ;
« 17 brigades mixtes d'ersatz, représentant la valeur de 4 corps d'armée. »

Je néglige dans le tableau du G. Q. G. 33 brigades de landwehr, faisant à peu près la valeur numérique de 8 corps d'armée, parce qu'elles n'ont participé aux opérations qu'au début de septembre, et qu'elles ne doivent par conséquent pas entrer en ligne de compte dans une étude sur la bataille des frontières. Les brigades d'ersatz, au contraire, ont fait leur apparition dès le 15 août en Alsace, dans les Vosges et en Lorraine, et ont joué un rôle dans la bataille initiale (¹).

____

(1) Je rappelle ici l'origine de ces brigades d'ersatz. La richesse en hommes et en cadres des dépôts des régiments actifs et de

Je crois bien que la création de ces brigades d'ersatz n'était pas prévue par notre État-major. Il n'empêche qu'en décomptant les effectifs des unités mentionnées dans le document du G. Q. G., on arrive au total de 1.406.000 hommes, ne différant du précédent que de 100.000 hommes, ce qui est vraiment une erreur d'appréciation assez mince.

Mais de quelle manière nous figurions-nous que serait employée cette masse de treize ou quatorze cent mille combattants? Il semble que nous ayons été trompés par la littérature militaire d'outre-Rhin qui répétait complaisamment, dans les années qui ont précédé la guerre, que l'armée allemande mobilisée se partagerait en deux : 1º l'*armée de choc*, composée d'unités actives, lesquelles, grâce à leur effectif élevé du temps de paix, pouvaient être portées sur le pied de guerre par les classes les plus jeunes de la réserve; cette armée de choc était destinée à enfoncer l'adversaire et à transporter la guerre sur son territoire; 2º l'*armée d'occupation*, s'épandant à la suite de la première dans les régions envahies, assurant les communications, procédant à l'investissement des places

---

réserve a permis de mobiliser par régiment deux compagnies d'ersatz. Une brigade d'infanterie a donc pu donner naissance à un bataillon d'ersatz, qui a été dénommé *Brigade-Ersatz Bataillon*. Enfin ces bataillons ont été jumelés en régiments et ces régiments en brigades, dès le début des hostilités. Ultérieurement ont été formées des divisions d'ersatz, en accouplant deux brigades.

fortes, et chargée de toutes les besognes secondaires. Les auteurs les plus réputés, Bernhardi tout le premier, disaient qu'au début de la guerre, les unités de réserve ne pouvaient pas être employées comme troupes de choc et ne seraient en état de paraître en première ligne qu'au bout d'un certain temps, quand elles auraient acquis la cohésion indispensable. C'est une question de savoir si ces auteurs étaient sincères, ou si leurs écrits avaient seulement pour but de faire accepter plus facilement à l'opinion publique allemande le fardeau des lois militaires qui renforçaient incessamment l'armée active, l'armée d'invasion. Il est encore possible que cette séparation des deux armées de choc et d'occupation ait été réellement envisagée par le grand État-major de Berlin jusque vers 1912. Mais à partir de cette époque, certains indices, tels que les convocations multipliées des réservistes, l'amalgame probable des divisions de réserve en corps d'armée de réserve dès 1913, auraient pu nous donner l'éveil sur les transformations possibles de la pensée allemande.

Toujours est-il que nous prenions les livres de Bernhardi et consorts pour argent comptant. Nous y étions d'ailleurs inclinés par l'opinion assez justifiée que nous avions de nos propres unités de réserve : encadrement insuffisant, surtout en officiers subalternes et en sous-officiers, discipline difficile à affermir du fait que les chefs et les hommes étaient des inconnus les uns pour les

autres; inaptitude à la marche; facilité avec
laquelle le réserviste français, quelques années
après sa libération du régiment, se démilitarisait...
Nous méconnaissions qu'en Allemagne la situation
était bien différente; que, quelques années avant
la guerre, au moment même où, chez nous, des politiciens inconscients raccourcissaient, pour se faire
une réclame électorale, les périodes de convocation des réservistes, ces mêmes périodes étaient
multipliées en Allemagne; que dans ce pays l'application de la loi sur les retraites proportionnelles
donnait des ressources énormes en officiers subalternes; enfin que, dans un peuple militarisé jusqu'aux moelles, la discipline n'est pas, comme chez
nous, fonction de l'habileté du commandement,
mais se maintient intacte même parmi des hommes
médiocrement commandés. En réalité, dans le
plan d'opérations allemand, le rôle secondaire que
nous attribuions aux grandes unités de réserve
était donné à ces brigades d'ersatz que je viens de
signaler et qui, elles, ne sont venues qu'en seconde
ligne, et sur des théâtres d'opérations où il n'y
avait pas à déployer de très grands efforts. Quant
aux unités de réserve elles-mêmes, il semble bien,
comme je le disais plus haut, que le plan de mobilisation allemand de 1913 ait prévu pour la première fois des états-majors de corps d'armée de
réserve. A la mobilisation, toutes les régions de
corps d'armée n'ont d'ailleurs pas pu fournir un
corps d'armée de réserve. Certaines ont formé

une division isolée, d'autres ont réuni leurs ressources pour former un corps, par contribution
de deux ou de plusieurs régions. Les régions frontières enfin, n'ayant qu'un territoire peu étendu,
n'ont rien donné ([1]). En définitive, on a pu former
la valeur de 16 corps de réserve (y compris celui
de la Garde), dont 13 ont été envoyés sur le
front occidental. Notre G. Q. G., au bout de quelques mois d'hostilités, a été obligé de reconnaître
que c'étaient des unités de premier ordre, d'une
solidité remarquable. De fait, les corps d'armée de
réserve ont figuré dès le début dans les sept armées
constituées à la mobilisation, et même dans les
armées d'élite auxquelles étaient dévolus les grands
rôles, comme celles de Kluck, de Bülow, du Kronprinz ([2]).

Reprenons maintenant le « document trouvé en
chemin de fer ». Voici les intentions qu'il prête à
l'État-major allemand :

« Les corps actifs devront être suivis à courte distance par le plus grand nombre possible de corps
de réserve qui assureront la garde des territoires

---

(1) Les XV⁰ et XVII⁰ corps de réserve (régions frontières de
Strasbourg et de Dantzig) ne font pas exception à cette règle. Ils
n'étaient en réalité composés que d'éléments d'ersatz ou de landwehr.

(2) Composition de l'armée Kluck : II⁰, III⁰, IV⁰, IX⁰ corps
actifs ; III⁰, IV⁰, IX⁰ corps de réserve. Armée Bülow : VII⁰ et X⁰ actifs ; Garde ; VII⁰, X⁰ corps de réserve ; corps de réserve de la
Garde. Armée Kronprinz : V⁰, VI⁰, XIII⁰ et XVI⁰ actifs ; V⁰ et
VI⁰ corps de réserve.

conquis, au cas où nos propositions de paix seraient rejetées (¹), et feront le blocus des forteresses qui pourraient tenir encore en arrière de notre front...

« ... Il nous faut réaliser à notre aile droite une supériorité certaine, afin, quoi qu'il arrive, de déborder l'aile gauche ennemie et de la rejeter sûrement vers le sud en la coupant de Paris. Il paraît indispensable de réserver pour cette manœuvre débordante une masse de 10 corps d'armée. Sur la droite de ce rassemblement devront se trouver 6 divisions de réserve qui seront destinées à attaquer avec succès les forces de *même nature* que l'ennemi peut échelonner *en arrière* et à l'extérieur de son flanc gauche (²). Elles peuvent se réunir à Malmédy, dans des conditions qui seront indiquées plus tard...

« ... Quant aux 14 divisions de réserve et aux 5 divisions de landwehr qui font encore partie intégrante de nos armées de campagne sur le théâtre d'opérations de l'Ouest, il est nécessaire, avant d'en fixer l'emploi détaillé, de déterminer le sacrifice que nous entendons faire du côté de la Belgique pour assurer la liberté d'action absolue

---

(1) L'auteur suppose qu'après le premier choc, les armées françaises étant écrasées, les Allemands nous auraient proposé la paix pour tourner toutes leurs forces contre la Russie.

(2) On prête ici aux Allemands exactement les idées que nous avions nous-mêmes.

de notre aile droite, et ultérieurement la sécurité de nos communications. »

L'auteur, évaluant à 100.000 hommes la force de l'armée belge, une fois fournies les garnisons de Liége, Namur et Anvers, continue ainsi :

« Comme nous ne voulons pas détacher une seule unité active, sauf le cas d'une descente anglaise en Belgique, nous devons prendre 100.000 hommes dans nos meilleures unités de seconde ligne. Nous affecterons à cette tâche secondaire 5 divisions de réserve et 2 divisions de landwehr... Quant au reste des divisions de réserve et de landwehr, qu'auront-elles à assurer? La possession du pays conquis et le blocus d'un certain nombre de places. En d'autres termes, toutes les troupes que nous laisserons en France, après la victoire initiale, formeront soit des corps d'observation mobiles, aptes à se porter dans un certain rayon au-devant des nouveaux groupements que l'ennemi pourrait tenter de constituer, soit des corps de blocus. Il paraît naturel d'affecter les divisions de landwehr à cette dernière mission et les divisions de réserve à la première. En conséquence, de ces 9 divisions de réserve restantes, 5 seront acheminées dans les traces des armées dont les zones d'actions conduisent sur Verdun et Toul, et 4 suivront l'aile gauche, en vue d'opérer plus tard dans la région d'Épinal et de Belfort. »

En résumé, l'auteur du « document » fait cinq paquets de toutes les unités de réserve et de landwehr qu'il suppose mobilisées contre la France. Le premier est un corps d'observation destiné à surveiller l'armée belge. Le deuxième est en arrière de l'aile droite de la masse d'attaque, pour être éventuellement opposé aux divisions de réserve que les Français pourraient échelonner en arrière et à l'extérieur de leur flanc gauche. Les trois autres ne marcheront que dans le sillage des armées d'attaque, en direction de Verdun, de Toul, d'Épinal et de Belfort. *Mais, dans ce plan, la masse d'attaque elle-même ne comprend, en tout et pour tout, que 22 corps d'armée actifs.* L'auteur la divise en trois groupes d'armées. Le groupe de droite, qui se concentre entre les environs de Saint-With et ceux de Trèves, a pour mission de déborder l'aile gauche française qui est supposée ne pas dépasser l'Argonne septentrionale ([1]). Il dispose en effet d'itinéraires menant facilement au nord de la pointe septentrionale de l'Argonne. Quant aux groupes du centre et de gauche, on les concentre et on les répartit des environs de Sarrebourg (près Trèves) jusque dans la région de Strasbourg, en vue de la manœuvre qui consistera essentiellement en un vaste mouvement de conversion, la droite formant l'aile marchante et la gauche, non pas immobile, mais formant cependant pivot. Il

---

[1] Comme nous le verrons plus loin, cette supposition était conforme à la réalité. Avant l'envoi de l'armée Lanrezac sur la Sambre, les armées françaises de dépassaient pas, au mois d'août 1914, la région ne Signy-l'Abbaye.

importe donc peu que le centre, du moins la partie qui débouchera entre Metz et Thionville, et que la gauche, sortant des abords de Strasbourg, ne progressent que lentement ou même soient réduits à reculer. Ces groupes trouveront dans les fortifications un réduit de nature à arrêter longtemps toutes les tentatives de l'ennemi. On économisera donc les forces allemandes en Alsace, dans les Vosges, dans la région des étangs de Dieuze, et sur le front Thionville—Metz. En revanche, il y aura une densité de forces plus grande entre Dieuze et Metz. Par surcroît de précaution, on pourra même y constituer une ligne de repli, renforcée au moyen de la fortification de campagne ([1]).

Il est clair que tout ce plan initial d'opérations, aboutissant à concentrer entre Saint-With et Strasbourg 22 corps d'armée d'attaque, a été inspiré à l'auteur du « document » par l'effectif même qu'il attribuait à cette masse d'attaque. Le débordement de l'aile gauche française, supposée dans l'Argonne septentrionale, était réalisé tout juste par la direction de Monthermé-Mézières assignée à l'aile droite allemande. Quant aux considérations politiques que l'auteur développe pour démontrer que les Allemands avaient avantage à n'écorner le territoire belge que dans la mesure strictement nécessaire, à ne pas passer sur la rive

____

(1) Cet aperçu des opérations allemandes en Alsace-Lorraine s'est vérifié point par point.

gauche de la Meuse, à ne pas menacer Bruxelles, pour que cette précision, donnée en temps utile au Gouvernement belge, l'incite à rester coi, c'est-à-dire à concentrer son armée sous Anvers ou à la maintenir en expectative sur la rive gauche de la Meuse, elles n'ont qu'une valeur très relative. Si l'auteur avait admis que l'Allemagne disposerait d'une masse de choc de *34 corps d'armée*, au lieu de 22, il aurait certainement imaginé un plan de campagne d'une tout autre envergure.

En comparant d'ailleurs le dispositif de concentration décrit par l'auteur du « document » (¹) avec celui que les Allemands ont en réalité adopté en août 1914, on remarque que la densité des deux rassemblements est sensiblement la même, c'est-à-dire que de Saint-With à la région de Trèves, et de cette dernière à celle de Strasbourg, on trouve dans les deux dispositifs à peu près exactement le même nombre de corps d'armée. Ainsi, de Saint-With à Trèves-Sarrebourg, l'auteur du « document » place 3 armées de 4 corps, soit 12 corps. En réalité, de Saint-With à Trèves, les Allemands ont échelonné également 3 armées, savoir : la IIIᵉ armée (Hausen), 4 corps; la IVᵉ armée (duc de Wurtemberg), 4 corps; la Vᵉ armée

---

(1) Voir les croquis 1 et 2. Je répète que si je discute si longuement ce document « trouvé en chemin de fer », c'est que j'ai de bonnes raisons de croire que son auteur n'a fait que développer une des conceptions, peut-être même la plus audacieuse, de celles qui émanaient de notre État-major de l'armée.

BRUXELLES
AIX·LA·CHAPELLE
LIÈGE
Eupen
NAMUR
Huy
Stavelot
Malmédy
1er G.R.
A.O.B.
Durbuy
St With
Ière ARMÉE
Dinant
Marche
Waxweiler
Givet
Rochefort
St Hubert
Bastogne
IIe ARMÉE
Palizeul
Diekirch
Neufchâteau
Monthermé
Mézières
Sedan
Etale
Arlon
LUXEMBOURG
TRÈVES
Carignan
Saarburg
Signy-l'Abbaye
Le Chesne
populeux
Longwy
IIIe ARMÉE
2e G.R.
Attigny
Buzancy
Thionville
Longuyon
Sarrelouis
Landau
Bouvillers
Conflans
Sarrebrück
3e G.R.
Montfaucon
Boulay
Teterchen
VERDUN
METZ
IVe ARMÉE
Sarreguemines
St Avold
Souilly
Puttelange
Sarralbe
Pont·à·Mousson
Ve ARMÉE
Chau Salins
Sarrebourg
Toul
Dieuze
Saane
VIe ARMÉE
NANCY
STRASBOURG
Lunéville
Molsheim
Meurthe
Rambervillers
Schlestadt
ÉPINAL
4e G.R.
Colmar
Neuf·Brisach
Meuse
Moselle
Rhin
Ill
Mulhouse
BELFORT
BALE

CONCENTRATION ALLEMANDE
SUPPOSÉE

A.O.B. _ Armée d'observation de Belgique
(Unités de Réserve et de Landwehr).
Les six autres armées sont supposées
formées de 3 ou 4 Corps d'Armée actifs.
G.R _ Groupe de divisions de réserve.
Axes de marche des grandes unités.
Frontières.

(Kronprinz), 6 corps. Total : 14 corps. De la région de Sierck à Strasbourg, le « document » situe 3 armées comptant ensemble 9 corps. En réalité, il y a eu là la VIe armée (kronprinz de Bavière) et la VIIe (Heeringen), comptant ensemble 8 corps, plus quelques unités d'ersatz. Il ne faut pas trop s'étonner de cette coïncidence. La répartition imaginée dans le « document » n'avait pas été faite au hasard, mais après une étude minutieuse des possibilités de débarquement, de marche et de manœuvre des grandes unités ainsi concentrées. Le rapprochement des chiffres ci-dessus prouve que cette étude concordait aussi exactement que possible avec celle du grand État-major de Berlin.

Mais il y avait les douze corps supplémentaires sur lesquels l'auteur du «document» ne comptait pas, en tant que troupes de choc. Ces douze corps correspondaient, numériquement parlant, aux deux armées Kluck et Bülow, débarquées au nord de Saint-With jusqu'au delà d'Aix-la-Chapelle, et destinées, non pas à opérer en Luxembourg belge, où elles auraient causé un véritable encombrement, mais à passer sur la rive gauche de la Meuse, à inonder la Belgique centrale pour se rabattre ensuite sur notre aile gauche *là où elle serait*, et procéder à son enveloppement, beaucoup plus sûrement que la manœuvre par le Luxembourg belge ne procurait le simple débordement de cette même aile gauche française. Que si les Allemands n'avaient pas eu de quoi former ces deux armées

Kluck et Bülow, nul doute que la manœuvre par

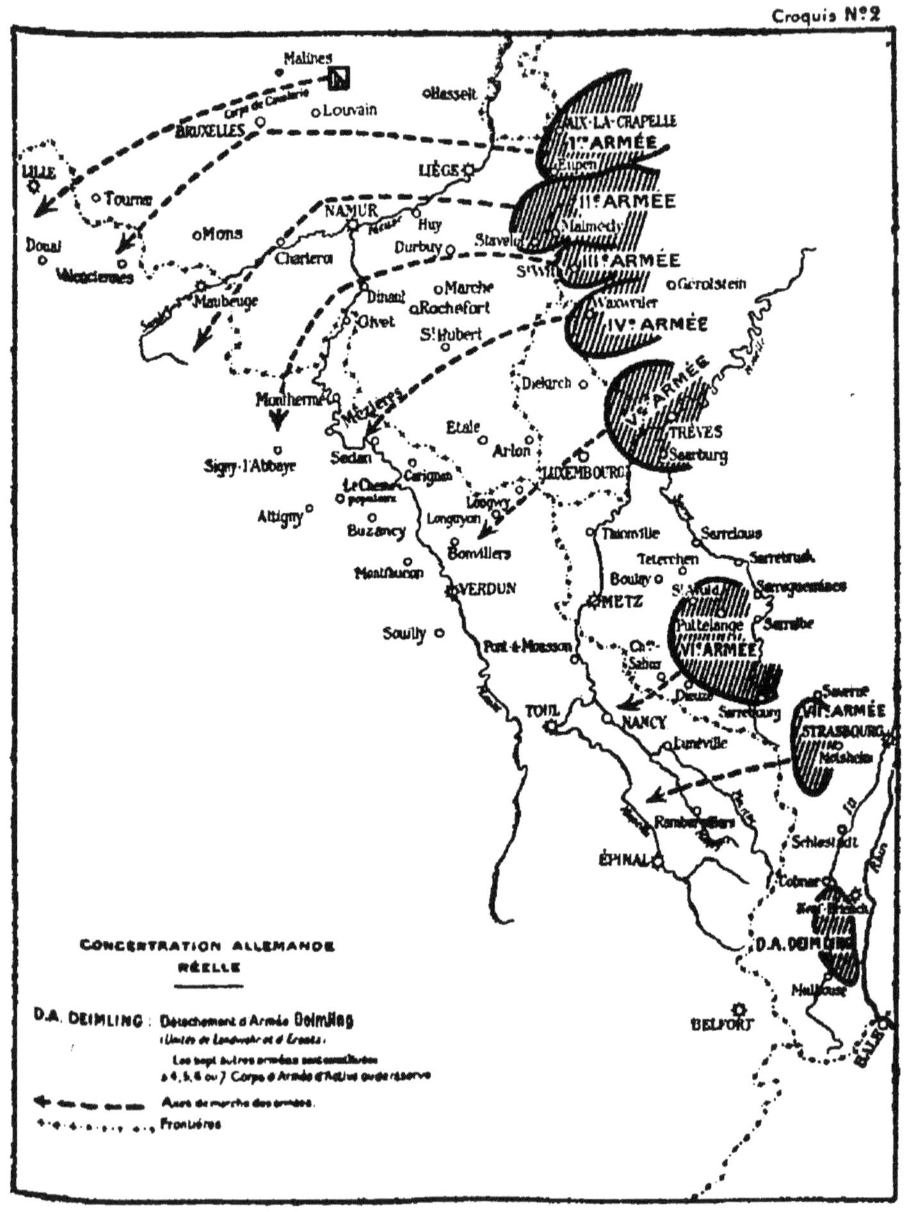

Bruxelles, la Sambre et l'Oise n'aurait pas été

tentée, car elle aurait conduit les Allemands à une dissémination dangereuse de leurs forces par extension démesurée du front.

Je crois donc, après cette discussion, être autorisé à dire que l'idée funeste, enracinée dans notre haut commandement, que tout se passerait sur la rive droite de la Meuse, que les Allemands ne détacheraient sur la rive gauche que de simples corps d'observation, idée qui a faussé notre propre plan d'opérations, est due à ce que nous nous étions trompés de 50 % dans l'évaluation des effectifs *de choc* des Allemands (22 corps au lieu de 34), n'ayant jamais supposé que des corps de réserve seraient amalgamés à des corps actifs pour constituer des armées de choc.

Et à ce propos qu'on me permette de rappeler un souvenir personnel. Quelques jours après l'attaque brusquée sur Liége, quand certains renseignements donnaient déjà à penser que des forces allemandes importantes passaient sur la rive gauche de la Meuse, j'exprimais mes craintes à un des jeunes augures qui avaient sur la question une opinion définitive, et je me hasardais à prononcer le nom de Maubeuge comme objectif possible de l'aile droite allemande. J'obtins pour réponse un sourire de compassion accompagné de cette phrase : « Ah ! Maubeuge ! Plaise au Ciel qu'ils aillent à Maubeuge, qu'ils s'étirent d'une façon aussi insensée : *parce que, alors, nous crèverons leur centre !* »

Beaucoup d'officiers ne partageaient pas cette belle assurance, et surtout ne considéraient pas comme une quasi-certitude que l'invasion allemande de la Belgique se limiterait à la Meuse. Quand j'étais directeur des *Questions diplomatiques et coloniales*, j'ai publié à la date du 1er mai 1912 une étude signée « Landrecies », pseudonyme d'un officier supérieur qui connaissait à fond la Belgique et se faisait du plan allemand une idée assez juste. On en pourra juger par ces quelques extraits :

« Quelle impression ne produirait pas la nouvelle, surgissant quelques jours seulement après la déclaration de guerre, de l'imminente arrivée de 200.000 Allemands aux sources de l'Oise, à huit ou dix marches, tout au plus, des forts de Paris ? Maubeuge, La Fère, Laon, Soissons, en dépit de quelques bétonnages partiellement améliorés, restent bien démodés en présence des effets destructeurs de l'artillerie actuelle. De quelle valeur serait la barrière que de pareils fantômes de places dresseraient en travers de l'invasion ? C'est peu de chose, en pareil cas, qu'une « variante » au plan de concentration vienne amener à Reims 100.000 hommes de nos réserves. Suffirait-elle à écarter, voire même à atténuer le péril ? »

« Landrecies » examine l'état des places belges et en particulier de Liége :

« Liége a un périmètre de 50 kilomètres, défendu par douze forts. Les vallées de la Vesdre, de l'Ourthe, de l'Amblève, sans parler du cours de la Meuse en aval et en amont de la place, qui sillonnent profondément tout le terrain compris dans le rayon d'action des ouvrages, ne sont que très imparfaitement battues par l'artillerie des forts. De très importants travaux de campagne sont, il est vrai, étudiés depuis longtemps pour donner à l'action des pièces actuellement en batterie les points d'appui nécessaires. Mais le premier tracé n'existe pas sur le terrain, et d'après les évaluations les plus autorisées, il ne faudrait pas moins de 20.000 ouvriers sur les chantiers à créer et de trente jours de travail pour transformer ce que Brialmont appelait la « tête de pont » de Liége en un camp retranché susceptible de soutenir un siège. »

Passant ensuite à l'étude de l'armée belge, « Landrecies » arrive à peu près à la même conclusion que l'auteur du «document trouvé en chemin de fer», à savoir qu'après le prélèvement des garnisons de Liége, Namur et Anvers, l'armée de campagne ne comptera pas plus de 100.000 hommes :

« C'est peu de monde pour contenir la furieuse poussée de l'invasion germanique qui peut parfaitement disposer de six ou sept corps d'armée. Cette vague battra son plein du douzième au seizième jour, précédée par une cavalerie entreprenante s'empressant vers les ponts de la Meuse, notamment ceux de Huy. »

Quelle sera la ligne principale d'opérations des Allemands?

« Nous inclinons à penser que, sans négliger, bien entendu, la surveillance de la rive droite de la Meuse et tout en ménageant les moyens d'opérer sur les deux rives, ce sera par la rive gauche que s'avancera le gros des forces allemandes.

« Nous ne considérons pas la région de l'Ardenne belge comme bien attractive pour de grandes opérations. Les débouchés vers la France n'y sont guère commodes, ne conduisent à aucun objectif important, et les routes transversales, pour relier les colonnes en marche, y font défaut sur de longs parcours. Pour sortir du plateau vers le sud-ouest, il faut franchir les vallées de la Chiers, de la Semoy, de la Lesse et de la Meuse, qui constituent de sérieux obstacles. Verdun assurément peut être tourné vers le nord, mais cette extension modérée du front offensif allemand . viendrait se heurter à une armée de flanc-garde française qu'on aurait tout le temps de lui opposer.

« L'Allemagne, par de nouvelles et importantes mesures, se prépare à utiliser, en vue d'une guerre d'agression, les ressources considérables d'une population supérieure à la nôtre. Le jour où elle se croira en situation de nous attaquer avec une grosse supériorité numérique, rien n'empêche d'admettre qu'elle doublera purement et simplement son front d'attaque. Il faudra considérer alors la marche convergente, à l'aile extérieure du groupe des armées de Lorraine, de deux masses chargées, l'une de produire vers les sources de l'Oise l'événement décisif, l'autre de relier la première au groupe lorrain, afin de compléter le cercle de fer.

« Si les Allemands se décident à violer de solennels engagements internationaux, avec la certitude de susciter contre eux des protestations véhémentes et, probablement aussi, d'amener la réunion des forces belges à celles de leurs adversaires, ce ne peut être qu'en vue de résultats importants et immédiats. C'est la possession de Liége et Namur qu'ils rêvent, avec la route directe du bas Rhin à Paris, et non le bénéfice assez vague d'une simple extension de leur mouvement tournant au nord de Verdun. »

L'événement a pleinement donné raison à cette argumentation. Dans la même étude « Landrecies » indiquait très bien le rôle important que pouvait jouer Namur au début de la guerre.

« Pour que les Allemands rencontrent un obstacle sérieux avant d'arriver à la frontière française, il faut que Namur soit en état de résister, et, pour que Namur résiste, avec les 40 kilomètres de pourtour de son camp retranché, jalonnés par neuf forts, et sa faible garnison du temps de paix, ce ne sera pas trop que toute l'armée de campagne belge vienne se concentrer dans la région, et soit appuyée par des forces anglo-françaises.

« Il nous faudrait lancer sur Namur notre 2ᵉ corps, corps de couverture, pour répondre sans délai à l'entrée à Liége des premiers échelons allemands. Et c'est dans cette même région de Namur que devrait paraître, entre le quatorzième et le dix-huitième jour de la mobilisation, le corps expéditionnaire britannique, fort de 60.000 à 70.000 hommes. Que de contre-attaques à grand rayon deviendraient alors possibles sur les deux rives mouvementées des trois grandes vallées qui se réunissent à Namur ! »

Je ne discuterai pas ici les moyens proposés par « Landrecies » pour la défense de Namur. L'expérience a prouvé que le corps expéditionnaire britannique n'avait pas pu s'aligner à temps pour prendre utilement part à la bataille de Charleroi. A *fortiori* fût-il arrivé trop tard à Namur. Mais l'idée de tenir fortement cette magnifique tête de pont, permettant de manœuvrer sur les deux rives de la Meuse, était tout à fait rationnelle, et on conviendra que les hypothèses de « Landrecies » sur le plan initial des Allemands se rapprochaient beaucoup plus de la réalité que celles qu'on avait imaginées en haut lieu.

Ceci dit, je passe à l'examen de notre concentration (1).

---

(1) A la fin de septembre 1914 le G. Q. G. a rédigé un bulletin des opérations du 2 août au 21 septembre 1914. Le 10 décembre suivant, le Cabinet du général en chef rédigeait de son côté une relation intitulée : *Quatre mois de guerre*, destinée à nos représentants à l'étranger. Ces documents ne deviennent vraiment intéressants qu'à partir de la bataille de la Marne. L'exposé du plan initial et le récit de la bataille des frontières sont à peu près inintelligibles et manifestement tendancieux. Ils rejettent trop exclusivement sur les exécutants la responsabilité des revers.

Composition des armées françaises.

Nous formions à la mobilisation cinq armées entre lesquelles les corps d'armée se répartissaient de la façon suivante :

1re armée, général Dubail.	7e corps d'armée. 8e — 13e — 14e — 21e —
2e armée, général de Castelnau.	9e corps d'armée. 20e — 15e — 16e — 18e —
3e armée, général Ruffey.	4e corps d'armée. 5e — 6e —
4e armée, général de Langle de Cary.	12e corps d'armée. 17e — Corps colonial.
5e armée, général Lanrezac.	1er corps d'armée. 2e — 3e — 10e — 11e —

De nos dix divisions de cavalerie, sept étaient réparties entre les armées et trois destinées à former un corps de cavalerie dépendant du généralissime.

Des vingt-cinq divisions de réserve formées (numérotées de 51 à 75), trois étaient maintenues dans les Alpes et y restèrent jusqu'à ce qu'on fût sûr des dispositions de l'Italie ; trois formèrent la défense mobile de Verdun ; une était affectée à la place d'Épinal. Les autres furent groupées par deux ou par trois et affectées aux armées, ou à la disposition du G. Q. G., mais pour être chargées de missions particulières. C'est ainsi qu'un de ces groupes devait organiser défensivement la région de Hirson, qu'un autre, concentré en Woëvre, devait monter la garde sur les Hauts de Meuse, qu'un troisième, réuni sur la Meurthe, devait organiser le Grand Couronné de Nancy. J'ai dit plus haut les raisons pour lesquelles nous ne pouvions songer à les utiliser comme les Allemands utilisaient leurs corps de réserve.

La répartition des corps d'armée actifs entre les armées appelle une première observation. Cette répartition était commandée par le souci d'utiliser le mieux possible les voies ferrées pour la concentration. Si on se reporte à la carte de France indiquant les régions de corps d'armée, on constate que l'État-major avait découpé le territoire en bandes longitudinales venant converger sur la ligne Mézières—Nancy—Belfort, les corps d'armée de l'Est et du Sud devant alors constituer nos armées de droite, ceux du Nord et de l'Ouest allant à notre aile gauche ([1]). On n'obtenait pas ainsi d'armées très homogènes, en ce sens que telle d'entre elles comprenait les unités les plus entraînées à la guerre et celles qui l'étaient peut-être le moins, mais toute autre solution était impossible, à cause du rendement des voies ferrées. Malheureusement la guerre de masses suppose que les grandes unités sont interchangeables, et ç'a été justement une des forces de l'organisation allemande d'avoir su égaliser à peu de chose près la valeur des corps d'armée prussiens, bavarois, saxons. Si nous ne pouvions nous flatter d'un résultat semblable, du moins aurait-on pu prendre la précaution de faire inspecter en temps de paix par le commandant d'armée désigné les corps d'armée qui devaient être sous ses ordres à la mobilisation. En délimitant les arrondissements d'inspection de telle sorte que cette condition n'était que très partiellement remplie, on avait sans doute voulu conserver autant que possible le secret de notre ordre de bataille. Toujours est-il que nos commandants d'armée, à la date du 2 août

---

(1) Cette règle a d'ailleurs comporté quelques exceptions, du fait que l'État-major de l'armée avait voulu constituer très fortement les armées de l'Est, destinées à prendre immédiatement l'offensive en Alsace-Lorraine. C'est ainsi que le 8e corps (Bourges) avait été affecté à l'armée Dubail; les 9e (Tours) et 18e (Bordeaux) à l'armée de Castelnau.

1914, allaient prendre pour la première fois le contact de quelques-uns de leurs subordonnés immédiats. Il était dès lors à craindre que les différents états-majors ne parlassent pas tout à fait la même langue, et que l'unité armée, états-majors et troupes, manquât de cohésion.

Quelques-uns de nos corps d'armée, le 2e, le 6e, le 7e, le corps colonial, étaient à trois divisions, mais le type normal était le suivant :

Deux divisions d'infanterie à deux brigades de deux régiments à trois bataillons;

Trente batteries de 75 à quatre pièces;

Quatre compagnies du génie;

Un régiment de cavalerie à six escadrons, dont deux de réserve;

Enfin une brigade d'infanterie de réserve, composée de deux régiments de réserve à deux bataillons.

Cette introduction d'une brigade de réserve dans les corps d'armée actifs était assez récente. On prévoyait que cette brigade pourrait être chargée, au cours du combat, de missions particulières, d'ordre secondaire, et jouerait en somme, dans le cadre du corps d'armée, un rôle analogue à celui de la division de réserve dans le cadre de l'armée.

Je ne ferai pas ici une comparaison détaillée des corps d'armée français et allemands. Il me suffira de dire qu'au point de vue de l'infanterie les Allemands avaient une véritable supériorité du fait de l'encadrement très solide de leurs compagnies (16 sous-officiers tous rengagés, au lieu de 8 sous-officiers, dont 5 rengagés, dans la compagnie française). En ce qui concerne l'artillerie légère, nos trente batteries à quatre pièces, quoique ne faisant que cent vingt canons, valaient largement les vingt-quatre batteries à six pièces des Allemands. Mais notre faiblesse éclatait dans l'artillerie lourde de campagne. Alors que chaque corps d'armée allemand comptait un bataillon de quatre batteries excellentes de 15^{cm}, chez nous l'artillerie lourde était un organe d'armée, amalgame de 155 Rimailho, de 120 longs sur affût spécial (tous deux bonnes pièces), de 120 longs sur plate-forme et de 120 courts, ces deux derniers types plus encombrants qu'utiles. Enfin le corps d'armée allemand était plus riche que le nôtre en outillage technique. Il comptait des détachements de projecteurs et des détachements de téléphonistes que nous n'avions pas, et des détachements de télégraphistes beaucoup plus fournis que les nôtres.

Zones de concentration et plan d'attaque.

Les zones de concentration prévues pour nos cinq armées étaient les suivantes :

1re armée (Dubail) : Région d'Épinal; un corps d'armée, le 7e, réuni aux environs immédiats d'Épinal.

2e armée (Castelnau) : Région de Nancy, la gauche dans le voisinage de Toul.

3e armée (Ruffey) : Région de Verdun.

5e armée (Lanrezac), dont il importe de bien préciser la situation initiale : quartier général à Rethel, le 2e corps et la division de cavalerie Abonneau à l'est de la Meuse, en couverture de la trouée de Marville; le gros en arrière de la Meuse, entre Verdun (exclu) et Mézières.

La *4e armée* (de Langle de Cary) était en seconde ligne, dans la région Sainte-Menehould—.Commercy.

Enfin un groupe de trois divisions de réserve (général Valabrègue), à la disposition du G. Q. G., était dans la région de Hirson et de Vervins, pour l'organiser défensivement ([1]).

Pour les raisons que j'ai dites plus haut, il n'était pas question d'attribuer une zone aux Britanniques dans cette concentration initiale. Leur coopération était, à juste titre, considérée comme trop aléatoire. On prévoyait simplement que, le cas échéant, le corps expéditionnaire, fort d'environ 70.000 hommes, pourrait se réunir *à loisir* dans la région Valenciennes—Maubeuge—Hirson

---

(1) On peut constater que cette concentration se rapproche singulièrement de celle qui était supposée par l'auteur du « document trouvé en chemin de fer », sauf que le groupe de divisions de réserve de gauche, au lieu d'être concentré en arrière, entre Reims et Laon, l'était dans la région Hirson—Vervins, en face de la trouée de Chimay.

—Cambrai, où il prendrait son temps, cette région étant supposée à l'abri des tentatives allemandes.

Une fois la concentration terminée, le général en chef avait l'intention de prendre l'offensive sur tout le front, de la Meuse au Rhin, sauf en un point du centre, où la gauche de la 2e armée resterait forcément sur la défensive face à la place de Metz.

En conséquence, le gros de la 1re armée se porterait d'Épinal sur Sarrebourg, en même temps que son corps de droite, le 7e, entrerait en Alsace et pousserait sur Colmar et Strasbourg. Le gros de la 2e armée marcherait de Nancy par Château-Salins sur Morhange, son aile gauche masquant la place de Metz. Pour les 3e, 4e et 5e armées deux cas étaient envisagés, suivant que les Allemands respecteraient ou non la neutralité belge. Dans le premier cas, nous nous abstiendrions d'entrer en Belgique. La 5e armée, se resserrant sur sa droite, déboucherait entre Verdun et la frontière belge et se porterait au nord de Thionville. La 3e armée, partant de la région de Verdun, marcherait à la droite de la 5e, et la 4e resterait provisoirement en réserve. Dans le second cas, toute notre aile gauche, 3e, 4e et 5e armées, prendrait l'offensive en Luxembourg belge. Mais alors la 5e armée se resserrerait sur sa gauche, sur le front Mézières—Mouzon, pour faire place à la 4e qui s'intercalerait entre elle et la 3e.

L'entrée en Luxembourg serait alors simultanée, la 5ᵉ armée se portant à travers les forêts de la branche sud des Ardennes sur le front Gédinne—Paliseul—Neufchâteau, sa droite se liant en ce dernier point à la 4ᵉ armée.

Avant de passer à la critique de cette conception, deux mots sont nécessaires sur le théâtre des opérations.

Il faut se rappeler d'abord que les Allemands avaient fait de l'Alsace une espèce de cul-de-sac, fermé à l'est par le Rhin, barrière naturelle que renforçaient les fortifications d'Istein et de Neuf-Brisach, et au nord par une ligne forte allant de Strasbourg aux Vosges (ouvrages de Strasbourg, de Molsheim et de Mutzig). L'Alsace n'était donc abordable que par le sud et par les Vosges dont les Allemands avaient négligé la défense.

En Lorraine, ils avaient constitué une formidable région fortifiée qu'ils appelaient la *Mosel-Stellung*, formée par le camp retranché de Metz et par les ouvrages de Thionville. Dans la direction du sud et du sud-est les ouvrages permanents de Metz n'étaient pas à moins de 15 kilomètres du noyau central. Et vers le sud-est ils étaient continués par les ouvrages semi-permanents du massif de Morhange, comportant des tranchées bétonnées et des plates-formes d'artillerie. Morhange est déjà à 40 kilomètres de Metz, et à 12 kilomètres seulement de la région des étangs de Dieuze et de Sarrebourg. Les armées françaises prenant l'offensive en Lorraine annexée ne disposaient donc, comme terrain libre, que de deux couloirs, le premier entre les forts méridionaux de Metz et les étangs de Dieuze, large d'abord d'une trentaine de kilomètres utilisables ([1]), mais se rétrécissant ensuite et devenant même impraticable tant qu'on ne serait pas maître du massif de Morhange; le second, celui de Sarrebourg, entre la zone des étangs et les Vosges, d'une largeur moyenne de 20 kilomètres.

Les deux Luxembourgs, le belge et le grand-ducal, pour n'être pas fortifiés, n'en offraient pas moins de sérieux obstacles à une marche rapide. De Mézières à Givet la Meuse coule dans une vallée étroite et profonde, encaissée entre des hauteurs escarpées que coupent de place en place des ravins aux flancs abrupts. Des forêts épaisses, mal frayées, couvrent le pays sur une épaisseur de 3 lieues à l'est et à l'ouest. De ce massif forestier se détachent, dans la direction de l'est, deux bandes boisées. L'une part de Mézières et s'épanouit jusqu'à l'Our et jusqu'à la Moselle, se partageant en deux branches à partir de Florenville, entre lesquelles une clairière longitudinale s'étend de Florenville à Arlon et Luxembourg. Cette bande est parcourue tout entière

---

(1) Il fallait en effet laisser, entre la gauche de l'armée d'attaque et les forts méridionaux de Metz dont le plus important est la *Feste Wagner*, une zone d'une vingtaine de kilomètres à la disposition des troupes chargées de masquer la place.

par la Semoy, et coupée par la Sure, la Wiltz et l'Alzette. La seconde part du sud de Givet vers le nord-est dans la direction d'Houffalize, et traversée par la Lesse et l'Ourthe. Entre les deux bandes la zone Gédinne—Paliseul—Neufchâteau —Bastogne est elle-même parsemée de boqueteaux. C'est le plateau qu'on appelle les Hautes-Fagnes, au sol spongieux, avec des prairies compartimentées à l'extrême par des clôtures en fil de fer. Enfin, en remontant plus au nord, on trouve une nouvelle bande forestière partant des environs de Dinant vers le nord-est, laissant entre elle et la précédente une pseudo-clairière jalonnée par les localités de Beauraing et de Rochefort.

« Le Luxembourg grand-ducal, écrit M. Hanotaux dans son *Histoire de la guerre*, n'est guère plus propice aux grandes batailles. Région de vallées et de contre-vallées où les chaînes de collines parallèles font la montagne russe. Pentes rocailleuses, fonds marécageux. Il a fallu la lente persévérance et l'autorité despotique des grandes abbayes pour donner quelques ressources à cette population d'*outlaws*, bûcherons et charbonniers, qui ont sauvé dans les bois les plus vieilles races de l'Europe. » « Sur ces flancs froids et boisés, dit M. Vidal de La Blache, montent en brouillards, en neiges et en pluies les vapeurs chassées par les vents d'ouest. Ces plateaux n'ayant pas de pente, l'humidité décompose le schiste en une pâte imperméable dont l'imbibition produit les tourbières. Il faut la souplesse et l'intelligence des petites vaches ardennaises pour opérer les charrois dans ces sentiers fangeux. »

Ce rapide exposé géographique suffit à mettre en évidence les graves défectuosités du plan français. Remarquons d'abord que le fétichisme qu'on professait pour l'offensive, et qui s'était traduit par l'intention d'attaquer sur toute l'étendue du front, sauf dans les secteurs où on se battait contre les fortifications permanentes de la *Mosel-Stellung*, avait abouti à abolir toute idée de manœuvre. On devait, en somme, se précipiter tête baissée sur les Allemands, les culbuter là où l'on pourrait, après quoi on verrait... Assurément, il ne faut pas reprocher à un haut commandement de prévoir dans son plan initial plus que la première bataille, parce que les résultats de celle-ci influencent forcément, et d'une manière tyrannique, les résolutions extérieures. Encore convient-il, quand on a affaire à un adversaire de la taille et de la force de l'Allemagne, de concevoir pour la bataille initiale une manœuvre, de pratiquer sur certains points l'économie des forces, de façon à pouvoir attaquer sur d'autres avec la supériorité numérique indispensable au succès. Cette idée de manœuvre ne s'aperçoit dans le plan français que dans le cas où la neutralité de la Belgique eût été respectée, et où la 4e armée aurait constitué une réserve stratégique. Elle disparaît complètement dans le cas contraire. Nos cinq armées sont alors en ligne, et toute la conception se résume à mettre en branle, de Mézières à Belfort, une muraille de Chine vivante.

Le dispositif adopté pour la concentration initiale n'est pas moins singulier. C'est un dispositif d'attente, en ce sens que, dans l'un ou l'autre cas, Belgique respectée ou non, le dispositif devra être modifié. La 5e armée serrera sur sa gauche ou sur sa droite, la 4e entrera en ligne ou sera en réserve. Mais voilà des données qui correspondraient à une défensive stratégique ! Quand on a l'intention de prendre tout de suite l'offensive, et partout, il est plus logique d'adopter une concentration qui permette, aussitôt qu'elle est réalisée, de marcher de l'avant. Sinon, on perd, pour opérer la variante, un temps précieux, quelque court qu'il soit. Il est dès lors infiniment préférable d'adopter dès le début le dispositif qui correspond à l'hypothèse la plus vraisemblable. Au mois d'août 1914, c'était évidemment la violation de la Belgique. Puisqu'on voulait à toute force prendre l'offensive, on se demande pourquoi les cinq armées n'ont pas été alignées dès le début, de façon que les armées de gauche eussent, en tout état de cause, le temps non seulement de franchir les redoutables défilés de la Semoy, mais de déboucher sans encombre dans la clairière Givet—Beauraing—Rochefort. Dans le cas où la Belgique eût été respectée par les Allemands, c'est la 4e armée, au lieu de la 5e, qui aurait serré sur sa droite pour prendre l'offensive au nord de Thionville, et la 5e armée aurait eu tout le temps nécessaire pour venir s'établir en réserve stratégique derrière le centre du dispositif. En définitive, l'offensive en Lorraine n'aurait pas été retardée, et en Luxembourg elle aurait été profitablement avancée.

On peut encore remarquer que, même dans le cas où l'invasion allemande de la Belgique se serait limitée au seul Luxembourg belge, il était plus avantageux pour nous de concentrer la 5e armée dans cette région classique d'entre Sambre et Meuse, bordant la Meuse de Namur à Givet, disposant entre ces deux villes de six ponts permanents pour franchir le fleuve, appuyant sa gauche à Namur dont la garnison eût été alors suffisamment étayée : on eût été admirablement placé pour agir sur le flanc des colonnes allemandes. Un rideau défensif dans la forêt d'Ardenne et le long du fossé de la Semoy eût suffi à assurer la continuité et même l'inviolabilité du front avec l'aide de la fortification passagère. La 4e armée n'aurait peut-être pas eu besoin de se consacrer tout entière à cette tâche, une partie en aurait pu être distraite et jointe à la 5e armée pour former à notre aile gauche une masse de manœuvre imposante. Nous prenions ainsi le Luxembourg en tenaille, et le jour où il serait devenu évident que le déploiement stratégique allemand se dessinait par la rive gauche de la Meuse, nous aurions été en bien meilleure posture pour livrer une bataille de Charleroi. Ceci dit, j'arrive à l'examen détaillé du plan français.

Première hypothèse. — Belgique respectée.

En même temps que le gros de la 1re armée se porterait sur Sarrebourg, son corps de droite, le 7e, disposant de la 8e division de cavalerie, partirait de Belfort, déboucherait en Alsace et pousserait sur Colmar et Strasbourg.

Il est à croire que la véritable raison de ce mouvement excentrique est d'ordre politique. La relation du G. Q. G., datée du 21 septembre 1914, dit que le but de cette opération était de retenir en Alsace les forces adverses qui tenteraient de déboucher sur le versant ouest des Vosges. Le 7e corps devait occuper rapidement Mulhouse et tenter immédiatement après la destruction des ponts du Rhin à Huningue et en aval. Si l'opération n'avait dû avoir que cette envergure, elle était justifiée, car il était important de couvrir le flanc droit de la 1re armée. Mais, en réalité, elle n'était nullement limitée à Mulhouse, puisque, lors de la première réunion des commandants d'armée, le 3 août, le général Dubail fit observer avec sens que, si son 7e corps arrivait sans difficulté jusqu'à Colmar, il ne pourrait s'aventurer plus loin sans faire border fortement le Rhin, depuis Huningue jusqu'à hauteur de sa droite, sans quoi il serait exposé à être pris de revers, les Allemands disposant des deux fortes têtes de pont de Istein et de Neuf-Brisach. Dans ces conditions, le général Dubail observait que le 7e corps ne pourrait être abandonné à lui-même et qu'en réalité l'opération d'Alsace consommerait des effectifs considérables. C'était la vérité même. Au reste, l'explication du G. Q. G. : retenir le plus possible de forces ennemies en Alsace en vue de faciliter les opérations du Nord, n'est valable que pour le cas où le Luxembourg belge devait être théâtre de guerre. Il est évident, en effet, que si la guerre tout entière s'était déroulée sur la frontière d'Alsace-Lorraine, ce n'est pas avec un corps d'armée que nous aurions alimenté les combats en Alsace. Plus nous avancerons dans cette étude et plus nous nous convaincrons que la variante n'affectant que la 4e et la 5e armée, suivant ce que les Allemands décideraient pour la Belgique, était une variante absolument insuffisante. Comme les 1re et 2e armées avaient à jouer, suivant le cas, le rôle secondaire ou le rôle principal, la variante adéquate à la situation devait prévoir que ces deux armées seraient profondément remaniées, et même beaucoup plus profondément qu'elles ne l'ont été réellement quand il a été avéré que le théâtre d'opérations du Nord était le principal.

Pour rester dans la première hypothèse, nous voyons donc que le G. Q. G. envisageait une offensive en Alsace et en Lorraine avec les 1re et 2e armées, conjuguée avec une offensive au nord de la ligne Verdun—Thionville (¹) avec la 5e armée, la 3e assurant la liaison et masquant la *Mosel-Stellung*, la 4e enfin restant en arrière comme réserve stratégique (²). Ce plan supposait implicitement que les opérations se dérouleraient dans le Luxembourg grand-ducal. Il n'y a en effet qu'une dizaine de kilomètres entre Thionville et la frontière du Grand-Duché, et il eût été singulier de faire passer une grosse armée comme la 5e, comprenant cinq corps actifs, par un couloir aussi étroit. Au reste, même dans le cas du respect de la Belgique, il était bien certain que le Grand-Duché serait envahi par les Allemands. On avait, au surplus, de bonnes raisons de croire que cet acte ne serait pas susceptible de déclencher l'hostilité des Anglais, ces derniers n'ayant jamais perdu une occasion de faire un *distinguo*

---

(1) La relation du G. Q. G. dit : au nord de la ligne Verdun—Metz. Il était pourtant de toute impossibilité d'avancer entre Metz et Thionville, par suite de la formidable organisation de la *Mosel-Stellung.*

(2) Je cherche, au cours de cette étude, à faire le moins possible de personnalités. Je crois pourtant pouvoir dire que la paternité du plan consistant à entrer immédiatement en Alsace et en Lorraine annexée, ne doit pas être attribuée au général Joffre, mais à un de ses prédécesseurs à la vice-présidence du Conseil supérieur de la Guerre.

entre la Belgique et le Grand-Duché. Mais, même en admettant *a priori* cette extension du front des opérations, la 5e armée était encore trop forte, tandis que la 2e, devant à la fois marcher sur Morhange et masquer Metz, était encore trop faible. Dès le début, la 4e armée aurait été obligée de se porter au secours de la 2e et aurait ainsi perdu rapidement son caractère de réserve stratégique.

Deuxième hypothèse. — Violation de la neutralité belge.

J'ai dit que, dans ce cas, la 5e armée, serrant sur sa gauche, ferait place à la 4e. Ces deux armées devaient prendre l'offensive sur le front Gédinne — Neufchâteau — Arlon — Luxembourg, flanquées à leur droite par la 3e armée, à qui était dévolu un rôle de charnière, comme dans la première hypothèse. Rien n'était changé aux missions des 1re et 2e armées. Les fautes de cette conception sautent aux yeux.

La première a trait à l'économie des forces. Si on se reporte aux ordres de bataille français que j'ai donnés plus haut, on constate que les 4e et 5e armées, chargées de l'offensive au nord de la ligne Verdun—Thionville, ne comptaient ensemble que neuf corps d'armée actifs (1). Même

-----

(1) En tenant compte de ce que le 2e corps et le corps colonial étaient à trois divisions.

avec l'appoint d'une partie de la 3e armée, cette masse ne présentait qu'un effectif insuffisant pour attaquer l'aile droite allemande, à laquelle l'auteur du « document trouvé en chemin de fer » attribuait douze corps d'armée actifs. Quel que fût avant la guerre notre culte de l'offensive, il ne devait pas nous aveugler au point de nous faire oublier que le succès de l'offensive exige la supériorité numérique, à moins qu'on n'ait affaire à des troupes de qualité inférieure, ce qui n'était certes pas le cas vis-à-vis des Allemands. En mettant les choses au mieux, notre offensive en Luxembourg n'avait quelque chance de réussite qu'en réduisant les 1re et 2e armées à un rôle, sinon purement défensif, du moins démonstratif, et non pas en les envoyant tête baissée dans le cul-de-sac alsacien ou dans celui de Morhange—Sarrebourg.

L'examen du terrain suggère une observation d'un autre ordre. Pour avoir une possibilité quelconque de manœuvre, il fallait avant tout être maître des défilés de la Semoy et de la première zone boisée que j'ai décrite plus haut, au sud de la clairière Gédinne—Neufchâteau—Arlon, et pénétrer au moins sans encombre dans cette clairière, si on ne pouvait atteindre plus haut vers le nord. Mais alors l'hypothèse même que notre État-major faisait sur le plan allemand aurait dû le convaincre que le dispositif initial qu'il adoptait ne pouvait permettre cet indispensable bond en avant.

Je rappelle que notre État-major se figurait la manœuvre allemande comme un vaste mouvement de conversion, la droite formant l'aile marchante, et la gauche le pivot. Les débarquements de l'aile gauche et du centre allemand étaient supposés avoir lieu sur le front Sierck—Thionville—Teterchen — Sarreguemines — Saverne — Strasbourg—Colmar. Commencés le quatrième jour au matin, les transports seraient terminés (à l'exception des parcs et convois) le huitième jour au soir. Le neuvième jour, la gauche et le centre pourraient donc se placer sur leurs routes de marche en se rapprochant de la frontière, susceptible d'être franchie dans la matinée du dixième jour. L'aile droite serait concentrée dans les mêmes délais sur les frontières des deux Luxembourgs. Mais on supposait d'autre part que les Allemands chercheraient à faire coïncider leur manœuvre débordante avec l'attaque de front, et voudraient que leur aile droite pût passer, elle aussi, la frontière française, à hauteur de Mézières et de Longwy et dans tout l'intervalle compris entre ces deux points, dès la matinée du dixième jour. Or, cette condition ne pouvait être remplie pour les armées d'aile droite qui, de Saint-With et de Malmédy, avaient encore quatre ou cinq marches à faire pour atteindre la frontière française, si leur concentration, achevée le huitième jour seulement, s'effectuait en territoire allemand, et si elles attendaient la fin des débarquements des éléments actifs pour mettre en mouvement leurs têtes de colonnes. On supposait donc que les Allemands entreraient en Luxembourg belge le sixième jour au plus tard, et très probablement plus tôt, de façon à pouvoir s'emparer des lignes de chemin de fer belges avant que l'armée belge pût se mettre en défense et opérer les destructions nécessaires. Finalement, on prévoyait l'entrée des Allemands dans le Grand-Duché et dans le Luxembourg belge le troisième jour de la mobilisation (¹).

Ces prévisions, très sages en ce qui concerne l'irruption brusque des Allemands en territoire neutre, ont été plus que justifiées, puisque c'est le 3 août, c'est-à-dire le deuxième jour de la mobilisation, que se placent les affaires de Visé et de Wasserbillig. Mais, puisqu'on prévoyait si bien ce que ferait l'ennemi, du moins sur cette partie du front, comment ne comprenait-on pas qu'une concentration variantée, avec l'obligation de pousser en première ligne une grosse armée d'abord rassemblée en arrière et de modifier les cantonnements d'une autre armée, empêcherait certainement nos colonnes d'attaque de s'ébranler à temps (²)?

---

(1) Tout ceci est expliqué dans le « document trouvé en chemin de fer ».

(2) Il faut bien prendre garde que si notre 4ᵉ armée a pu, en réalité, franchir la Semoy, c'est que les forces allemandes qu'elle avait devant elle ont marqué le pas pour laisser à l'aile droite alle-

Je répète ce que j'ai dit plus haut, à savoir que toute critique du plan initial français qui ne tiendrait pas compte des difficultés d'ordre politique que rencontrait son établissement serait une critique injuste. Mais précisément, du fait de l'inconnue belge, nous étions condamnés au début à l'expectative stratégique. L'idée de prendre tout de suite l'offensive dépassait follement les conceptions les plus hardies de Napoléon. Or, quand on n'est pas sûr d'avoir un Napoléon dans sa manche, il est préférable, non seulement de ne pas dépasser, mais de rester en deçà des limites permises à la hardiesse. En outre, le dispositif devait être assez souple pour se prêter aux deux variantes envisagées et, en conséquence, comporter plus de cinq armées. Nos cinq armées constituaient des commandements beaucoup trop lourds, et l'expérience a d'ailleurs prouvé qu'il a fallu dès le début, non seulement varianter les zones de rassemblement des armées, mais modifier leur composition, c'est-à-dire introduire la gêne et le trouble dans les états-majors. C'est à la date du 3 août, alors que la violation du territoire belge était un fait accompli, mais que rien ne pouvait encore faire présumer le mouvement débordant des Allemands sur la rive gauche de la

---

mande le temps d'opérer son vaste mouvement sur la rive gauche de la Meuse. Mais si les Allemands n'avaient entendu opérer que sur la rive droite de ce fleuve, ils seraient arrivés avant nous sur la Semoy.

Meuse, par conséquent à un moment où on pouvait croire réalisé un des deux cas prévus, que le général Joffre, réunissant ses commandants d'armée, prescrivait au général Dubail de tenir un de ses corps à la disposition du général de Castelnau, et à ce dernier d'en tenir un à la disposition du général en chef, pour être employé au nord de Toul. Ainsi, dès le deuxième jour de la mobilisation, l'ordre de bataille des armées allait être modifié, et ce que M. Hanotaux a appelé la « marche en crabe » allait commencer !

Si on avait créé une armée de plus, on aurait pu, en s'en tenant aux hypothèses faites en temps de paix, doser plus exactement la force offensive des armées de l'Est ou des armées du Nord. En tout cas, puisqu'on envisageait les deux offensives simultanées, l'une au sud de Metz, l'autre au nord de Thionville, il eût été naturel de créer au moins deux groupes d'armées, ce qui n'aurait pas laissé au général en chef un nombre visiblement exagéré de subordonnés immédiats. Napoléon a dit quelque part : « On ne commande pas utilement à plus de cinq sous-ordres. » Je répéterai ce que je disais plus haut à propos des conceptions hardies : quand on n'est pas Napoléon, il est prudent de se tenir en deçà de l'extrême limite. L'auteur du « document trouvé en chemin de fer » disait très justement que des forces aussi considérables que celles qui paraîtraient dans la prochaine guerre ne pourraient plus être articulées en armées. Il est curieux que l'échelon « groupe d'armées » n'ait fait son apparition qu'après l'immobilisation des troupes dans les tranchées, c'est-à-dire à une époque où cet échelon était certainement moins utile que pendant la guerre de mouvement (1).

---

(1) La création des groupes d'armées, telle qu'elle a été comprise, n'a d'ailleurs guère simplifié la tâche du commandement. Pour une quantité de questions, les armées ont continué à relever directement du G. Q. G., et les états-majors de groupes d'armée, trop nombreux, ont dégénéré en organes plus encombrants qu'utiles.

III — LES OPÉRATIONS DU 2 AU 22 AOUT

Le lecteur ne devra pas s'étonner si, dans les pages qui suivent, je résume assez succinctement les opérations de nos armées de l'Est et du Centre, et si j'étudie plus longuement celles de notre aile gauche.

Je fais remarquer d'abord que, tout en disant plus loin quelques mots de tactique à propos de la bataille de Charleroi, je ne fais pas une étude tactique, qui serait prématurée à l'heure actuelle. Elle nécessiterait la connaissance approfondie d'une foule de détails et de rapports particuliers émanant des états-majors et des corps de troupe, et ne saurait être entreprise avant que nos archives de guerre aient livré leurs secrets. Je reste dans le domaine stratégique et j'examine par suite de quelles erreurs stratégiques la bataille des frontières a mal tourné (¹). Et pour ne

-----

(1) Je fais miennes les définitions du général Bonnal, d'après lesquelles la stratégie est l'art de la conception, et la tactique la *science de l'exécution*. Toute opération militaire, grande ou petite, comporte une part de stratégie et une part de tactique. Beaucoup de chefs font de la stratégie sans s'en douter, comme M. Jourdain faisait de la prose... Dans le langage courant on accole l'épithète

pas être accusé d'aboutir à des conclusions fausses parce que mon étude aura été faite à un point de vue trop exclusif, je vais tout de suite au-devant de l'objection que la stratégie est impuissante quand les résultats tactiques sont mauvais, que la conception du chef ne peut rien quand l'exécution du subordonné est défectueuse. Le G. Q. G. ne s'est pas fait faute de faire entendre exagérément ce son de cloche.

« Il y eut, dit-il, des défaillances individuelles et collectives, des imprudences commises sous le feu de l'ennemi, des divisions mal engagées, des déploiements téméraires et des reculs précipités, une usure prématurée des hommes, enfin l'insuffisance tactique de certains chefs et de certaines troupes en ce qui concerne l'emploi de l'infanterie et de l'artillerie. »

Il n'y a dans tout cela qu'une part de vérité. Car enfin, trois semaines plus tard, quand le G. Q. G., mieux inspiré qu'au début, montait la belle manœuvre de la Marne et remportait une incontestable victoire, l'armée française n'avait pas eu le temps de dépouiller toutes ses infériorités tactiques ! Certains chefs justement frappés avaient, il est vrai, disparu, mais il est évident

---

« stratégique » à tout ce qui est ou paraît de grande envergure, et l'épithète « tactique » à ce qui est ou paraît petit. C'est le meilleur moyen d'introduire la confusion dans la terminologie militaire, la discrimination du grand et du petit étant forcément arbitraire.

que ces mutations n'avaient pas, en si peu de temps, métamorphosé nos armées et n'avaient pas rendu capable de victoire un organisme qui en aurait été radicalement incapable trois semaines auparavant. On est donc en droit de dire qu'une stratégie supérieure nous aurait évité les terribles revers du début, tout comme elle nous a valu le beau rétablissement du mois de septembre (1).

Or, dans cette étude stratégique, je m'étends plus longuement sur la bataille de Charleroi que sur celles de Lorraine et des Ardennes, parce que j'entends poser la question sur le même terrain que le G. Q. G. lui-même. Ce dernier, dans sa relation des *Quatre mois de guerre*, après avoir rappelé notre insuccès à droite et au centre, écrit ceci : « En dépit de cet échec, notre manœuvre pouvait réussir encore, si notre gauche, armée Lanrezac et armée anglaise, obtenait un résultat décisif. Ce ne fut malheureusement pas le cas. » Pour le G. Q. G., ce sont donc les événements de la gauche qui ont provoqué le recul de toute notre ligne et amené les Allemands jusque sur la Marne. Nous verrons plus loin dans quelle mesure cette assertion est fondée.

---

(1) En ce qui concerne les mutations opérées dans le commandement au cours du mois d'août, et dont j'ai donné plus haut les résultats numériques vraiment effrayants, je tiens à dire que, si beaucoup d'entre elles ont été pleinement justifiées, quelques-unes semblent avoir été injustes. *Errare humanum est.* Mais, en cette affaire, on ne saurait nier que l'action du général en chef ait été généralement bienfaisante.

Les opérations en Alsace.

J'ai dit plus haut que notre plan initial comportait l'entrée dans le Sundgau du 7ᵉ corps, pour retenir en Alsace les forces adverses qui tenteraient de déboucher sur le versant ouest des Vosges et auraient ainsi menacé la droite de l'armée Dubail.

Le 7 août, le 7ᵉ corps s'ébranle donc dans la direction de Mulhouse. Il dispose de la 8ᵉ division de cavalerie, et en arrière, une bonne division de réserve, la 57ᵉ, issue, comme son numéro l'indique, de la 7ᵉ région de corps d'armée, est prête à appuyer son mouvement (¹). Des éléments du 7ᵉ corps, après une marche forcée qui a épuisé inutilement les troupes, entrent à Mulhouse, mais ne peuvent s'y maintenir. Éprouvés et démoralisés, le 7ᵉ corps et la 7ᵉ division de réserve se replient sous le canon de Belfort. C'est alors que le G. Q. G., « pour rétablir la situation en Alsace », constitue à la date du 10 août une armée d'Alsace composée du 7ᵉ corps, de la 44ᵉ division d'infanterie (division d'Afrique qui doit débarquer le 15 août), de cinq bataillons alpins, de la 8ᵉ division de cavalerie, et enfin de quatre divisions de réserve, savoir : la 57ᵉ déjà nommée, et les 58ᵉ, 63ᵉ, 66ᵉ divisions for-

____

(1) Le numéro des divisions de réserve, jusqu'à la 71ᵉ, s'obtient en ajoutant 50 au numéro de la région mère.

mant le 1ᵉʳ groupe de divisions de réserve. Dans notre plan de concentration le dispositif général était flanqué aux deux ailes par un groupe de trois divisions de réserve, le 1ᵉʳ groupe dans la région de Belfort, le 4ᵉ dans celle de Hirson.

Je n'entre pas dans le détail des opérations de cette armée d'Alsace. Le 20 août, maîtresse de Mulhouse, elle avait atteint avec son aile gauche, à la fois par les Vosges et par la plaine, le voisinage immédiat de Colmar. « L'ennemi, dit la relation du G. Q. G., retire devant l'armée d'Alsace tous ses éléments actifs, et ne laisse devant elle que des formations de landwehr et d'ersatz. » On n'avoue pas plus ingénument l'échec complet du plan stratégique qui était, ne l'oublions pas, de retenir le plus possible de forces allemandes sur ce théâtre secondaire. En réalité, c'est nous qui, bénévolement, y avions engagé des forces disproportionnées, soit sept divisions d'infanterie, cinq groupes alpins, et une division de cavalerie. Reconnaissant sa faute, le G. Q. G. va dissoudre cette armée d'Alsace, mais, hélas! ce n'est pas avant le 22 août, c'est-à-dire le jour même où nous subissons sur toute la ligne du front les plus graves revers, que commence en Alsace la dislocation ordonnée. C'est le 22 août seulement que la 44ᵉ division s'embarque pour rejoindre la 1ʳᵉ armée et que, pour constituer le noyau d'une 6ᵉ armée (Maunoury), on prépare le transport sur notre aile gauche d'une partie du 7ᵉ corps et de la 63ᵉ division de réserve. Leurs embarquements ne commencent que le 25.

En réalité, ces opérations d'Alsace sont stratégiquement indéfendables. Il est d'ailleurs probable qu'elles ont été inspirées par des considérations plus politiques que stratégiques, et pour produire un effet moral. Mais dans cet ordre d'idées, on aurait pu et dû se contenter de l'occupation permanente de Mulhouse et du Nonnenbruch, et on s'y serait maintenu facilement si on n'avait pas méconnu au début de la guerre la force des organisations défensives. Il n'était pas plus difficile de conserver Mulhouse que Thann et Dannemarie. En outre la détention des riches gisements potassiques du Nonnenbruch constituait un gage analogue à celui que les Allemands détenaient dans le bassin de Briey.

Les opérations en Lorraine.

La violation du territoire belge ne changea rien aux intentions offensives du G. Q. G. en Lorraine. La composition des 1re et 2e armées ne fut pas modifiée. Il s'agissait donc bien d'une attaque poussée à fond. Cependant le 21 septembre, le G. Q. G. disait : « L'offensive en Lorraine avait pour but *de mettre hors de cause* les corps allemands engagés au sud de Metz. » Le 10 décembre, les buts déclarés étaient encore plus modestes : « Ce que les opérations d'Alsace avaient pour objet de faciliter, savoir retenir une notable partie des forces ennemies loin du théâtre septentrional des opérations, notre offensive en Lorraine devait le préparer plus directement encore *en fixant devant elle* les corps allemands engagés au sud de Metz. » Il est inutile d'insister sur ces variations.

Le G. Q. G. avait choisi la date du 14 août pour le commencement de l'offensive en Lorraine. Les 1re et 2e armées employèrent cinq jours à crever la couverture allemande, et le 19 août nous avions gagné la région de Sarrebourg, celle des étangs; nous tenions Dieuze, Château-Salins, Delme, les avant-gardes de la 1re armée étaient devant Morhange. « Dans la journée du 20 août, dit le G. Q. G., nos troupes, fatiguées par plusieurs journées de marche et de combat, se sont heurtées à des positions solidement organisées et armées d'une puissante artillerie dont le tir était admirablement préparé et rectifié par des avions. Violemment contre-attaquées, elles ont dû se replier. Certaines unités n'ont pas montré une résistance suffisante à la démoralisation, et malgré l'admirable tenue d'autres corps d'armée, le commandement de la 2e armée a dû reporter ses forces sur le Grand Couronné de Nancy et sur les positions de Saffais—Belchamps où arrivaient les 64e et 74e divisions de réserve venues des Alpes. La 1re armée devait également reculer. »

Il est difficile d'admettre que l'organisation

défensive du massif de Morhange fût inconnue de notre haut commandement. Si en temps de paix notre État-major a peut-être eu le tort de laisser dans l'ombre certaines questions vitales, il se flattait, et à juste titre, que les Allemands ne pussent pas déplacer un moellon ni une motte de terre dans la région de Metz sans que nous en fussions informés. Je crois que la vérité est que notre G. Q. G., emporté par son ardeur offensive, était persuadé que les organisations défensives qui n'étaient pas de la fortification permanente ne tiendraient pas devant l'élan irrésistible de nos troupes, méconnaissant ainsi la puissance formidable de l'armement moderne, et en particulier l'emploi du tir indirect de l'artillerie, systématisé par les Allemands grâce à une excellente organisation des observatoires terrestres et à la participation des avions au réglage des batteries (1).

Notre recul fut d'ailleurs de courte durée, parce que sur ce théâtre de l'Est notre dispositif stratégique était resté excellent. L'armée Castelnau sur le Grand Couronné de Nancy, face à l'est, et

____

(1) Ces deux points sont capitaux. L'armée allemande était dotée d'appareils optiques dont nous n'avions aucune idée en France, et qui permettaient de magnifiques réglages de tir. Quant au réglage par avions, au moment où la guerre a éclaté, c'est une question que nous commencions seulement à soulever, alors que dès le début des hostilités les Allemands ont réglé par avions des tirs d'artillerie de campagne, non pas avec la perfection qu'ils ont atteinte dans la suite, et qui a amené une véritable transformation de la guerre, mais avec des résultats déjà très remarquables.

l'armée Dubail face au nord, formaient tenaille. Les Allemands, opérant ici en petit comme ils opérèrent en grand lors de la bataille de la Marne, négligèrent l'armée Castelnau comme Kluck devait négliger plus tard l'armée Maunoury. Supposant que les adversaires battus à Morhange n'étaient plus redoutables (1), ils glissèrent le long du Grand Couronné et se lancèrent dans le sud à la poursuite de Dubail. Dès le 25 août, avec un mordant qu'il faut admirer, nos deux armées reprenaient l'offensive : Dubail, dans la direction du nord, Castelnau dans celle de l'est. Après des péripéties d'ordre tactique dans le détail desquelles je n'entre pas, la situation se stabilise et le front se fixe sur une ligne assez voisine de la frontière.

La bataille des frontières en Alsace et en Lorraine n'a donc été pour nous ni un succès ni une défaite. Malgré nos pertes très sensibles à Morhange, ç'a été le type de la bataille indécise. Mais il faut avouer que le but stratégique que se proposait le G. Q. G., même en le réduisant à ce qu'il disait lui-même en décembre 1914, à savoir retenir le plus d'ennemis possible loin du théâtre

----

(1) De part et d'autre, on a commencé dès le début de la guerre à « sous-estimer » son adversaire. Après les faciles succès des premiers jours contre de simples troupes de couverture, l'état-major de la 2ᵉ armée s'imagine qu'il n'a plus devant lui que des fuyards. De même, après la bataille de Morhange, Rupprecht de Bavière croit qu'il n'a plus à tenir compte des troupes, soi-disant débandées, de la 2ᵉ armée. Il se jette imprudemment sur la 1ʳᵉ armée qu'il croit moins atteinte.

décisif des opérations du nord, n'était nullement atteint. Bien plus, c'est aux Allemands que le bénéfice avait été procuré, grâce à nos imprudentes offensives d'Alsace et de Lorraine. C'est eux qui avaient retenu loin du Nord beaucoup trop de Français. Il n'y a, pour mettre ce point hors de conteste, qu'à dresser le tableau comparatif des forces françaises et allemandes qui se sont trouvées face à face en Alsace et en Lorraine jusqu'à la fin de la bataille des frontières.

1re et 2e armées françaises réunies : 9 corps actifs, 9 divisions de réserve, 3 divisions de cavalerie; soit environ 460.000 hommes (¹).

Armées allemandes : détachement Deimling, VIIe armée (Heeringen), VIe armée (prince de Bavière) : 8 corps actifs, 2 corps de réserve, formation d'ersatz et de landwehr, soit environ 360.000 hommes (²).

Nous avions donc engagé à l'est 100.000 hommes de plus que les Allemands. Si, d'autre part, on se rappelle (se reporter au calcul que j'ai fait plus

---

(1) Détail : 1re armée : 7e, 8e, 13e, 14e, 21e corps actifs; 57e, 58e, 63e, 66e divisions de réserve; 8e division de cavalerie; 2e armée : 9e, 15e, 16e, 20e corps; 2e groupe de divisions de réserve (59e, 68e, 70e), puis 64e et 74e divisions; 2e et 6e divisions de cavalerie.

(2) Détail : détachement Deimling : formations d'ersatz et de landwehr, 40.000 hommes; VIIe armée Heeringen : XIVe et XVe corps actifs, XIVe corps de réserve, détachements d'ersatz, 120.000 hommes; VIe armée, prince de Bavière : XXIe corps actif, Ier, IIe, IIIe corps bavarois actifs; 1er corps de réserve bavarois : 200.000 hommes.

haut) que nos corps actifs, nos divisions de réserve et le corps expéditionnaire britannique se montaient à environ 1.130.000 hommes, tandis que les sept armées allemandes du front occidental, plus le détachement Deimling, faisaient 1.400.000 hommes, on voit que sur le théâtre du Nord il nous restait 670.000 hommes à opposer à 1.040.000 Allemands. En définitive, au cours de la bataille des frontières, le principe de l'économie des forces, qui veut qu'on soit le plus fort sur le point décisif, a été respecté par les Allemands et violé par nous. Devant cette faute capitale, d'ordre stratégique, s'effacent les insuffisances et les défaillances individuelles ou collectives dans l'exécution tactique.

Je ne veux pas quitter ce théâtre d'opérations de l'Est sans montrer par un exemple topique combien la conception de notre commandement, consistant, pour les raisons que j'ai dites, à ne confier à nos divisions de réserve que des missions secondaires, était difficilement réalisable sous la pression des événements.

Je prends le 2e groupe de divisions de réserve, mis à la disposition du général commandant la 2e armée. Ce groupe, 59e, 68e, 70e divisions, cantonne le 12 au soir aux environs de Nancy. Le lendemain il reçoit l'ordre de se porter sur des positions organisées à l'est de la ville pour couvrir la gauche de la 2e armée pendant sa marche sur Avricourt. Dans l'esprit de celui qui a dicté cet ordre, il s'agit visiblement d'empêcher les troupes (sup-

posées de seconde qualité) du camp retranché de
Metz de venir porter quelque mauvais coup dans
le flanc du général de Castelnau. Il s'agit donc
bien là d'une mission secondaire, qui ne sera pas
modifiée tant que la 2ᵉ armée marchera de l'avant.
A la date du 19 août, cette dernière, qui n'a pas
encore rencontré de résistance sérieuse, semble
devoir être orientée à bref délai vers le nord,
pour marcher ultérieurement sur Sarrebrück. Le
2ᵉ groupe de divisions se redresse alors face au
nord, de Sainte-Geneviève à Fresnes-en-Saulnois,
poussant ses avant-postes jusqu'à la ligne No-
meny--Delme. Le lendemain 20 août, l'ordre est
encore d'organiser cette ligne de résistance et de
la prolonger vers le nord-est en avançant la
68ᵉ division jusqu'au village d'Oron sur la Nied,
où elle sera en contact avec la gauche du 20ᵉ corps.
Mais c'est précisément le jour de la contre-offensive
allemande. Tout le front du 2ᵉ groupe de divisions
est violemment attaqué. Viviers, Delme, Nomeny
sont perdus. La 68ᵉ division se replie jusqu'à
Fresnes-en-Saulnois avec de grosses pertes, et au
cours de cette journée, elle passe sous les ordres
directs du 20ᵉ corps pour couvrir la retraite de
l'armée. Voilà donc cette division de réserve qui
va assumer, du fait des circonstances, un des rôles
les plus difficiles et les plus périlleux qui soient à
la guerre ! Elle ne peut d'ailleurs faire mieux que
se maintenir sur les lisières de la forêt de Grémecey.
Le 21 août, le 2ᵉ groupe de divisions, reformé et

grossi des éléments du 9e corps qui ne se sont pas embarqués avec le reste de ce corps parti pour la 4e armée, sera chargé de la défense du Grand Couronné, de Sainte-Geneviève au Rembétant (nord de Saint-Nicolas-du-Port). C'est alors seulement qu'il retrouve un rôle dans le genre de ceux qu'avaient réservés aux unités de réserve les augures du temps de paix.

Le 2e groupe de divisions n'a pas été le seul à connaître de pareilles vicissitudes. Dès lors on se demande si, malgré tous les éléments de faiblesse que présentaient nos divisions de réserve, il n'eût pas été préférable de les amalgamer aux corps d'armée, comme l'étaient déjà les brigades de réserve, plutôt que d'en faire des blocs qu'il était impossible, l'expérience l'a prouvé, de conserver au second plan et à qui, au contraire, les vicissitudes de la bataille pouvaient imposer des tâches particulièrement rudes.

Les opérations au centre.

Je suivrai ici pas à pas la relation du G. Q. G. datée du 21 septembre 1914, en relevant les inexactitudes concernant les opérations des 3e et 4e armées.

« La décision de porter l'effort principal vers le nord, dit le G. Q. G., a été prise dès le début de la guerre. Le général en chef donne l'ordre, dès le 2 août, de varianter la concentration des 4e et 5e armées, de manière que la 4e puisse venir tout entière en ligne. »

C'est en effet ce qui était prévu dans le plan de concentration pour le cas où le territoire belge serait violé. Mais cet ordre n'impliquait pas du tout l'intention de porter au nord l'effort principal. La composition des 1re et 2e armées n'était pas modifiée. Tout au plus le général en chef, ayant le sentiment que l'effectif de ces deux armées était trop considérable, a-t-il demandé de vive voix le 3 août au général de Castelnau de mettre un de ses corps à la disposition du G. Q. G., ce corps devant être remplacé par un autre emprunté à l'armée Dubail.

« La longueur du délai demandé par l'armée britannique avant de commencer son mouvement (21 août) interdit de chercher trop tôt, dans la région du Nord, un engagement qui peut être décisif, avant le moment où toutes les forces destinées à ce théâtre d'opérations seront en mesure d'y participer. »

Le retard du corps expéditionnaire britannique ne devait pas être une surprise pour notre G. Q. G. D'après ce que j'ai dit plus haut, on prévoyait pour la concentration de ce corps une zone qu'on considérait comme de tout repos, celle de Maubeuge—Valenciennes. Dans les conférences qu'avaient eues en temps de paix les États-majors français et britannique, il est donc probable que le nôtre n'avait pas insisté sur la nécessité d'une concentration très rapide des forces d'outre-Manche, ou n'avait pu l'obtenir. Mais le G. Q. G., dans sa relation du 21 septembre, est manifestement préoccupé de se justifier du reproche d'avoir déclenché trop tard son offensive centrale. Au reste, à la date du 21 août, les Britanniques devaient être encore incapables de participer à une action d'ensemble, et, pour rester conséquent avec lui-même, le G. Q. G. aurait dû différer encore son offensive.

« Le 7 août la situation paraît la suivante. Devant nos armées de droite, les forces allemandes ne semblent pas dépasser la valeur de six corps d'armée (1). Autour de Metz, de Thionville et dans le Luxembourg semble devoir être le groupe principal des armées ennemies, également en situation de déboucher vers l'ouest ou de converser vers le sud, en s'appuyant sur la place de Metz. Au nord, une armée allemande, où on trouve des éléments de cinq corps d'armée, a pénétré en Belgique et s'engage en partie contre les forces belges. La résistance opposée par la place de Liége peut décider les Allemands à se rabattre vers le sud et à appliquer immédiatement toutes leurs forces sur notre frontière entre Metz et Namur. Si la place de Liége tombe, ils peuvent élargir encore leur mouvement vers l'ouest jusque vers Bruxelles

---

(1) Ce qui était à peu près exact.

et au delà. L'Instruction générale du 8 août prescrit à la 2e armée de réserver à la disposition du général en chef ses deux corps de gauche (¹) et à la 3e armée de se tenir prête, soit à contre-attaquer toutes les forces qui déboucheraient de Metz, soit à agir dans la direction du nord. Le 6 août, ordre avait été donné de diriger les 37e et 38e divisions d'Afrique sur la gare régulatrice de Laon. »

D'où il appert que, devant la menace d'un mouvement débordant par la rive gauche de la Meuse, le G. Q. G. songe à renforcer nos armées du Nord en tout et pour tout de la valeur de trois corps d'armée (2 corps empruntés à l'armée Castelnau et les 37e et 38e divisions). L'excuse du G. Q. G. est que, le 8 août, il ne croyait pas du tout à des opérations sérieuses sur la rive gauche de la Meuse, malgré l'attaque si symptomatique de Liége. Il n'y croyait pas encore le 14 août, ainsi que nous le verrons dans la suite. Pour manquer de franchise dans sa relation du 21 septembre le G. Q. G. fait douter de sa perspicacité. Il reconnaît trop tard que l'attaque de Liége décelait les intentions allemandes. Mais est-il possible qu'il ait jamais pensé que la résistance de cette place déciderait les Allemands à se rabattre vers le sud et à appliquer immédiatement toutes leurs forces entre Metz et Namur? Le G. Q. G. est abondamment renseigné sur la faiblesse de la place de

____

(1) C'est un de plus que le 3 août.

Liége. Il sait que sur un périmètre de 50 kilomètres elle est défendue par douze forts armés avec du 12, du 15 et du 21, mais que les vallées de la Vesdre, de l'Ourth, de l'Amblève, sans parler de la coupure de la Meuse, sillonnent profondément toute la surface enclose dans le rayon d'action des ouvrages, que les intervalles des forts sont très mal battus, que d'indispensables ouvrages intermédiaires ne sont pas construits, qu'il faudrait, pour mettre Liége en état de subir un siège quelque peu prolongé, 20.000 ouvriers et trente jours de travail. Il connaît l'étude qu'a faite le général Langlois en 1906 [1], dans laquelle cette haute autorité militaire affirme que la prise de deux ou trois forts sans liaison entre eux ne coûterait pas plus de temps ni de peine que la prise de forts isolés. Enfin il n'ignore pas que les Allemands, justifiant les prévisions du général Langlois, ont pu pénétrer dès le 6 août dans la ville, malgré que les forts tinssent encore. Même dans l'ignorance où il était de l'existence du fameux 420, le G. Q. G. ne pouvait donc se faire illusion sur la résistance de Liége, du moment où les Belges étaient abandonnés à eux-mêmes [2].

------

[1] *La Belgique et la Hollande devant le pangermanisme.*

[2] «Landrecies» disait dans les *Questions diplomatiques et coloniales* du 1ᵉʳ mai 1912 : «Soixante heures après l'ordre de mobilisation parti de Bruxelles, il ne peut y avoir à Liége à la disposition du gouverneur plus de 8.000 à 10.000 combattants au maximum, en tenant compte des décisions les plus récentes et en supposant

« Dès le 15 août, continue le G. Q. G., il apparaît
que l'ennemi portera son principal effort par son
aile droite au nord de Givet, et des ordres sont
donnés pour préparer l'entrée en action de toutes
nos forces aussitôt que leur réunion sera réalisée.
Le dispositif de la 5e armée est élargi vers l'ouest
dans la région Marienbourg---Philippeville ('), les
37e et 38e divisions et le 4e groupe de divisions
de réserve sont mis à la disposition de cette armée.
On prélève sur la 2e armée, pour les transporter
vers le nord, le 18e corps, à la gauche de la 5e armée, le 9e corps à la gauche de la 4e armée. Une
division marocaine débarque également à la gauche
de la 4e armée les 20 et 21 août. Le 20 août, au
moment même où la réunion des forces françaises
et britanniques est terminée (²), la manœuvre des
Allemands se précise. Leur groupe du Nord, parais-
sant comprendre sept ou huit corps d'armée et

---

tous les réservistes de la zone spéciale touchés utilement par les
ordres d'appel individuels. Or ces 8.000 à 10.000 combattants doivent fournir la garnison de sûreté des ouvrages, assurer la protection des ponts, tunnels, viaducs et gares... »
La loi militaire belge était trop récente pour avoir amélioré
sensiblement la situation. Heureusement que la mobilisation belge
ayant été ordonnée *dès le 31 juillet*, le général Léman, gouverneur
de Liége, put disposer d'éléments des 3e et 4e divisions d'armée.

(1) On verra plus loin par qui ces ordres ont été inspirés.

(2) En réalité l'armée britannique n'a pu quitter sa base de
concentration (région de Maubeuge) que le 21 août. On ne peut
cependant raisonnablement prétendre que c'est l'attente de la
concentration de ces 70.000 hommes à Maubeuge qui a fait partir
les 3e et 4e armées six jours plus tard que les armées de l'Est.

quatre divisions de cavalerie, cherche à passer entre Givet et Bruxelles et même à accentuer encore son mouvement vers l'ouest. La décision du général en chef est d'opposer à ce groupement l'ensemble des forces constituées par la 5e armée, le corps de cavalerie, le 4e groupe de divisions de réserve, l'armée anglaise et, dans la mesure du possible, l'armée belge, pendant que notre centre, puissamment constitué par les 3e et 4e armées, attaquera, pour le mettre hors de cause, le groupement central de l'ennemi. Ce résultat obtenu, notre centre sera en mesure de se rabattre sur le flanc gauche du groupe allemand du Nord. L'offensive des 3e et 4e armées est couverte, à droite par l'armée de Lorraine (8e armée) comprenant sous les ordres du général Maunoury six divisions de réserve, force suffisante pour enrayer toute contre-offensive débouchant de Metz. L'offensive de nos 3e et 4e armées se déclenche le 21 août. Cette action décisive, escomptée au centre avec une supériorité numérique incontestable (10 corps d'armée) a échoué. »

En lisant ces lignes je constate que le jeune augure, dont j'ai relaté plus haut la conversation, et qui me disait : « Plaise au Ciel qu'ils aillent sur Maubeuge, parce qu'alors nous percerons leur centre ! » était exactement orienté sur les intentions du G. Q. G. Ce qui précède montre bien, en effet, qu'il s'agissait d'une attaque décisive par le centre, avec rabattement sur la gauche en cas de succès. Malheureusement la supériorité numérique, évidemment nécessaire pour le succès, n'existait que dans l'imagination du G. Q. G. et n'aurait pu être obtenue avec les dix corps d'armée des 3e et 4e armées. On constate en effet que ces deux armées allaient se heurter aux deux armées allemandes du duc de Wurtemberg (VIIIe et XVIIIe corps actifs, VIIIe et XVIIIe de réserve) et du Kronprinz (Ve, VIe, XIIIe, XVIe corps actifs, Ve et VIe corps de réserve, XXXVe division de réserve), soit à plus de dix corps d'armée. On ne saurait donc admettre que comme raisons concomitantes, et non comme raisons capitales de notre échec, celles qu'énumère complaisamment le G. Q. G.

« Cet échec, dit-il, est dû pour une large part, comme celui du 7e corps en Alsace et des 1re et 2e armées en Lorraine, à certaines défaillances, soit individuelles chez quelques chefs dont le remplacement s'est imposé, soit collectives dans quelques divisions et corps d'armée dont la cohésion, l'état d'entraînement et l'esprit de sacrifice ne se sont pas montrés à hauteur des circonstances... Mais, à côté de ces défaillances, il faut reconnaître que ces insuccès ont eu une autre cause : l'insuffisance de l'instruction tactique de certaines de nos troupes et de leurs chefs qui n'ont pas su développer méthodiquement leurs combats. La mise en œuvre brutale et rapide de leurs moyens d'action, surtout par le déploiement de toute leur artillerie, l'engagement progressif et économique de leur infanterie pour assurer le mouvement en avant des tirailleurs, les précautions à prendre pour n'exposer à aucun moment des formations denses devant un adversaire maître encore de ses feux, paraissent avoir été souvent perdues de vue, au cours des premières attaques, par des chefs qui n'avaient pas une habileté suffisante dans le maniement de leur unité. »

Tout cela est parfaitement exact, mais le G. Q. G. aurait pu découvrir avant le 2 août 1914 toutes ces faiblesses de l'armée française. Encore passe-t-il sous silence celles qui pouvaient être imputables à l'autorité supérieure, telles que l'insuffisance de l'artillerie lourde d'armée. En dehors des aveugles volontaires, qui pouvait s'abuser sur la valeur de certains chefs, quand on avait suivi la façon abracadabrante dont l'avancement avait été administré depuis de longues années, et sur le degré d'instruction de la troupe, entravée par une veulerie générale, par l'immense désir d'éviter par-dessus tout les « histoires »? C'est précisément en vertu de toutes ces considérations qu'un haut commandement avisé eût compris que c'était folie de lancer dès le début toutes ses armées à l'attaque contre des troupes de la valeur des troupes allemandes; qu'il ne fallait, au contraire, passer à l'offensive que sur certains points du champ de bataille, avec une suffisante supériorité numérique, et pour cela économiser des forces; comprendre, en somme, que le début des hostilités ne pouvait nous être favorable que grâce à une stratégie supérieure, telle que celle qui s'est manifestée dans la préparation de la bataille de la Marne, mais qui, pour notre très grand malheur, n'a pas précisément brillé dans le plan initial ni dans les trois premières semaines de guerre.

En définitive, notre offensive centrale n'avait chance de succès qu'à deux conditions : 1° être alimentée plus richement grâce à de gros prélèvements opérés sur les armées de l'Est ; 2° ne pas rester immobile jusqu'au 20 août et s'assurer avant cette date de la zone boisée de la Semoy. Le corps de cavalerie Sordet, judicieusement employé, aurait pu nous rendre de grands services. Je dirai un mot, dans le chapitre suivant, du lamentable emploi qui fut fait de ses trois belles divisions... Au reste, comment avoir le sentiment que cette attaque centrale ait été montée sérieusement quand on lit dans la relation du G. Q. G. *Quatre mois de guerre*, la phrase suivante : « Le 21 août notre offensive au centre commença avec dix corps d'armée. Dès le 22 août elle échoua et son échec apparut comme sérieux. » Cette phrase n'est que le résumé des deux fameux communiqués à la presse des 22 et 23 août : « Nos armées, placées face à leurs objectifs, partent pour l'attaque... » Et le lendemain : « L'attaque n'a pas réussi... » Ainsi en vingt-quatre heures la question était liquidée ! Quand on songe au temps que prennent les offensives de groupes d'armées pour venir à aboutissement, et au temps qu'elles ont effectivement pris aux Allemands au cours de cette première partie de la campagne, on conviendra que, le 22 août, on jetait un peu rapidement le manche après la cognée, ou, plus exactement, qu'on se rendait compte que l'attaque entreprise n'avait vraiment aucune chance de succès.

Néanmoins, d'après l'opinion du G. Q. G., ce n'est pas plus à notre centre qu'à notre aile droite que la bataille des frontières prit une tournure décisive. Nous étions rejetés des confins des deux Luxembourgs, mais moins rudement que de la Lorraine annexée, après des revers moins caractérisés que celui de Morhange. Le G. Q. G. estimait que c'était à l'aile gauche que se jouait la partie principale.

Les opérations à l'aile gauche.

Le général en chef ayant prescrit, le 2 août, d'exécuter les dispositions prévues dans le cas de la violation de la neutralité belge, la 5e armée, dont j'ai donné plus haut la composition, opéra sa concentration du 3 au 11 août de la manière suivante :

En couverture, la division de cavalerie Abonneau et le 2e corps (moins la brigade Mangin), sur la rive droite de la Meuse à l'est de Stenay, dans la trouée de Marville, un régiment de la brigade Mangin à Sedan, l'autre à Givet. Le gros de l'armée derrière la Meuse, de Verdun exclu à Mézières inclus, dans l'ordre 10e, 11e, 3e, 1er corps, de la droite à la gauche, les deux divisions de réserve 52e et 60e avec le corps de gauche. Enfin, le corps de cavalerie Sordet (3 divisions), momentanément rattaché à la 5e armée, autour de Sedan, et chargé d'éclairer entre les routes d'Arlon et de Gédinne.

Q. G. à Rethel.

Aussitôt les débarquements terminés, la couverture ne bougeant pas, l'armée doit se resserrer à gauche sur le front Mouzon—Mézières pour faire place à la 4e armée qui vient de la région Sainte-Menehould—Commercy. C'est cette mise en place de la 4e armée qui obligeait de retarder l'offensive au centre de trois à quatre jours, et non pas, comme le dit le G. Q. G., l'attente des Britanniques. Cette offensive aurait donc pu être ordonnée pour le 17 août au lieu du 20, si la 4e armée n'avait pas été débarquée en arrière du front. Et encore n'était-il pas nécessaire d'attendre que tous ses éléments fussent en place pour se saisir de la région de la Semoy.

L'attaque brusquée des Allemands sur Liége commence dans la nuit du 3 au 4 août. Elle n'ouvre pas les yeux du G. Q. G. qui ne songe pas un instant à ce que cette attaque signifie, et reste toujours persuadé que tout se passera sur la rive droite de la Meuse. La meilleure preuve en est que le corps de cavalerie Sordet, enlevé le 5 août à la 5e armée pour être mis à la disposition du général en chef, reçoit l'ordre de se porter sur Neufchâteau « pour protéger cette partie du Luxembourg contre les incursions de la cavalerie allemande et assurer la découverte vers *Luxembourg et Malmédy* ». Le régiment de la brigade Mangin qui se trouve à Sedan lui est attribué comme soutien.

Je ne reviendrai pas ici sur les doctrines que professait notre État-major touchant la tactique de la cavalerie. L'ordre ci-dessus donné au corps Sordet résume toutes les erreurs. Ce corps doit à la fois couvrir et découvrir; c'est un instrument qui doit être à la fois une épée et un parapluie. Si la zone de Neufchâteau—Paliseul qu'on assigne à son gros est à peu près celle qui convient pour couvrir le premier bond en avant de nos armées du centre, en revanche cette zone est beaucoup trop rapprochée de nos lignes d'infanterie, et beaucoup trop éloignée des têtes de colonnes allemandes pour permettre une découverte fructueuse. Au reste, la découverte dans la direction de Luxembourg n'aurait pas dû lui incomber. La 3e armée a deux divisions de cavalerie, la 5e en a une, c'est très suffisant pour savoir ce qui se passe du côté d'Arlon et de Luxembourg, et de fait c'est précisément cette mission que le général Lanrezac, commandant la 5e armée, donne au général Abonneau. Le premier bond du corps Sordet aurait dû être pour le porter au moins à Rochefort-sur-Lesse, ou encore à Bastogne, pour rester dans les idées du G. Q. G., toujours uniquement préoccupé de la direction de Malmédy. Mais en réalité c'est à Namur qu'était la place de ce corps de cavalerie, le jour même où notre G. Q. G. a eu connaissance du mouvement des Allemands sur Liége. Une exploration, dans la guerre moderne, doit être dirigée sur les ailes de l'ennemi, parce que c'est surtout l'étendue de son front que l'exploration est susceptible de déterminer. En envoyant ses reconnaissances le long de la Meuse, le général Sordet était bien sûr de donner dans des troupes allemandes, puisque dès le 6 août il en entrait dans Liége.

Cependant le général Lanrezac, qui ne partageait pas les illusions du G. Q. G., se préoccupait déjà, et à juste titre, de faire surveiller la Meuse entre Namur et Givet. Il invite le gouverneur belge de Namur, général Michel, à exercer cette surveillance. Il en reçoit la réponse qu'il n'y a pas un seul bataillon belge disponible dans la garnison de Namur pour agir à l'extérieur de la ligne des forts. C'est donc le régiment de la brigade Mangin, stationné à Givet depuis la déclaration de guerre, qui reçoit l'ordre de gagner Dinant pour y remplir la tâche à laquelle se refusent les Belges (¹).

------

(1) On voit que l'idée de « Landrecies » de pousser des éléments du 2ᵉ corps à Namur dès la déclaration de guerre n'était pas si mauvaise.

A cette même date (5 août), l'Angleterre avait fait connaître qu'une armée britannique de 70.000 hommes, commandée par le maréchal French, serait envoyée sur le continent. Comme je l'ai dit plus haut, il était prévu qu'elle se réunirait au sud de Maubeuge, dans la zone Valenciennes—Hirson—Cambrai, à partir du 14 août. On estimait, d'autre part, qu'elle ne serait pas en état d'entreprendre une opération quelconque avant le 14 août.

C'est le moment d'ouvrir une parenthèse pour dire quelques mots de l'état militaire de nos alliés belges et anglais.

L'armée belge.

J'ai dit plus haut les raisons diplomatiques pour lesquelles il aurait été fort imprudent de notre part d'escompter la coopération belge, et l'empêchement absolu qu'avait eu notre État-major à concerter quoi que ce soit avec les autorités militaires de Bruxelles. Cette armée belge, dont la destination était si douteuse, n'était d'ailleurs, pour parler net, pas digne d'un pays fort riche, faisant un commerce annuel de 7 milliards, et peuplé de près de 8 millions d'habitants. En 1912, un an avant la nouvelle loi militaire, la Belgique n'entretenait sur le pied de paix que 43.000 hommes et n'en mobilisait en temps de guerre que 180.000, sur lesquels les trois places d'Anvers, de

Liége et de Namur prélevaient respectivement
40.000, 30.000 et 20.000 hommes. Si bien qu'il
n'en restait guère que 90.000 aux unités de campagne. Par une singularité qui se rencontrerait
difficilement dans un autre pays, en Belgique, c'est
le parti catholique et conservateur, celui qui
comptait dans son sein les plus vieilles familles
du pays, qui rechignait à une réforme militaire
sérieuse, notamment au service obligatoire, souvent proposé par des membres du parti libéral.
Les grands propriétaires des Flandres estimaient
que la caserne est funeste à l'âme du jeune villa-
geois, et que ce dernier risque d'y perdre ses
croyances. Cette aberration rapprochait, sur le
terrain militaire, les catholiques des socialistes
qui préconisaient, en Belgique comme ailleurs, le
commode système de la levée en masse le jour où
la patrie serait en danger. Il a fallu attendre la
fin de l'année 1912 pour que, devant les armements
étrangers et l'imminence du péril, un grand ministre, que sa qualité de catholique ne frappait
pas d'aveuglement, M. de Broqueville, proposât
une nouvelle loi militaire digne enfin de la Belgique : « Le Gouvernement, disait-il, lors de la
réunion préparatoire des droites, ne peut entrer
dans le détail des relations internationales, mais son
attitude a été déterminée par toute une série d'indications convergentes qu'il serait gravement imprudent de négliger. Il ne s'agit pas de menaces à
nous adressées, mais de révélations amicales... »

Cette loi militaire, présentée en décembre 1912, fut votée à la fin de mai 1913. Un nouveau système de recrutement devait élever l'effectif de paix à 58.000 hommes au lieu de 43.000, et celui de guerre à 340.000, au lieu de 180.000. On pourrait alors porter à 80.000, 50.000 et 30.000 hommes les garnisons des trois places fortes, et aligner en plus une armée de campagne de 175.000 hommes. Les quatre divisions d'armée à trois brigades de six bataillons se transformeraient en quatre corps d'armée à quatre brigades de huit bataillons. Mais *ce résultat satisfaisant ne pouvait être atteint qu'en 1926*, lorsque les treize classes astreintes au service en temps de guerre auraient été successivement incorporées et instruites (¹). Au moment où la guerre a éclaté, l'armée de campagne ne pouvait mobiliser que six divisions d'armée, et dans les premiers jours de la mobilisation la garde des trois places fortes restait très précaire. Les Belges avaient imaginé d'installer entre ces places, à peu près à égale distance des trois, une réserve permettant de parer à une attaque brusquée, et ils avaient fait choix du camp de Beverloo, à 55 kilomètres de Liége, 60 d'Anvers et 75 de Namur. Dans les premiers jours d'août 1914, la 3ᵉ division fut dirigée sur Liége et la 4ᵉ sur Namur. Malgré

---

(1) Le temps de service dans l'armée active était manifestement insuffisant : quinze mois dans l'infanterie, vingt-deux mois **dans les armes à cheval.**

cela, on vient de voir qu'à la date du 6 août le gouverneur de Namur avait été incapable de faire surveiller les passages de la Meuse entre Namur et Dinant. Il n'avait d'ailleurs d'ordre à recevoir d'aucun général français, le commandement de l'armée belge restant distinct du nôtre.

L'armée britannique.

En ce qui concerne l'armée britannique, je ne donnerai ici que quelques détails qui intéressent la formation du corps expéditionnaire, envoyé *partiellement* sur le continent dès le début des hostilités. Ce corps expéditionnaire, dont la force totale était de six divisions d'infanterie et d'une division de cavalerie, provenait de l'armée dite régulière, recrutée par voie d'engagements volontaires d'une durée de douze années (dont sept sous les drapeaux et cinq dans la réserve). C'était avant tout une armée coloniale, destinée à assurer, avec l'armée spéciale aux Indes et quelques corps indigènes, la défense de l'Empire britannique, exception faite des quatre Dominions du Canada, de l'Afrique du Sud, de l'Australie et de la Nouvelle-Zélande, qui avaient leurs contingents propres. Le régiment anglais se composait de deux bataillons, dont l'un, toujours maintenu sur le pied de guerre de 1.000 hommes, était aux colonies, et l'autre, à l'effectif de paix de 470 hommes (1), était dans la métropole. Une des particularités du bataillon anglais était d'être divisé en huit petites compagnies richement dotées en cadres (3 officiers pour chacune d'elles). Cette organisation ancienne, qui rendait difficile le rôle du chef de bataillon, commandant à 8 subordonnés directs, fut modifiée en octobre 1913. Il n'y eut plus, comme chez nous, que 4 compagnies par bataillon, à l'effectif de 250 hommes. Mais aucun cadre subalterne n'ayant été supprimé, la compagnie anglaise resta très puissamment encadrée. Pour en finir avec l'organisation du temps de paix, je dirai que les bataillons séjournant dans la métropole étaient amalgamés 4 par 4 en brigades, 3 brigades formant une division. L'artillerie divisionnaire était constituée par 9 batteries de canons de campagne, 3 batteries d'obusiers de campagne et 1 batterie lourde. Ce matériel était assez médiocre, trop lourd, de voie trop large pour être maniable, et ne permettait qu'un transport insuffisant de munitions.

Au point de vue de la valeur militaire, la double caractéristique de cette petite armée était l'excellente instruction des unités inférieures, jusqu'au bataillon inclus, et la préparation tout à fait insuffisante des grandes unités, en particulier des états-majors, à une guerre européenne.

______

(1) Je parle ici de l'effectif réellement existant. L'effectif budgétaire était supérieur, mais ne pouvait presque jamais être atteint.

C'est, pour la première fois, aux manœuvres de 1913, auxquelles j'ai assisté, qu'un général britannique (en l'espèce, le maréchal Sir John French) avait eu à diriger une masse de quatre divisions d'infanterie et d'une division de cavalerie, précisément égale à celle qui débarqua en France en août 1914. Pour constituer ce « grand commandement », il avait fallu renoncer à monter une manœuvre à double action, les deux dernières divisions du corps expéditionnaire étant retenues en Irlande à cause des troubles de l'Ulster. On n'avait donc exécuté qu'un « exercice d'armées », et tout s'était borné au fonctionnement d'un grand quartier général et de deux quartiers généraux d'armée sur le pied de guerre, à la marche d'approche d'une division de cavalerie et de deux armées, formées chacune de deux divisions d'infanterie, contre un ennemi figuré, au ravitaillement de ces grandes unités, à leur déploiement stratégique, enfin à l'attaque d'une position fortifiée, à une poursuite et à un changement de direction; toutes opérations dont l'exécution avait naturellement dénoté une certaine inexpérience, puisque le haut commandement britannique en était à son coup d'essai.

En cette année 1913, la situation de l'armée régulière, tout aussi bien que celle de l'armée dite territoriale, dont je ne m'occuperai pas ici, était plutôt médiocre au point de vue des effectifs, qu'on n'avait pas pu maintenir au niveau réglementaire. L'Angleterre traversait une période de prospérité industrielle qui ralentissait le courant des engagements. Cette crise militaire, qui remontait à plusieurs années et allait s'aggravant sans cesse, inquiétait les Anglais de bon sens, tous ceux qui ne s'imaginaient pas que leur patrie dût jouir jusqu'à la consommation des siècles d'une paix perpétuelle. Ils avaient fondé deux ligues, dont l'une, la *National Defence Association*, acceptait les bases de l'organisation existante et se contentait de défendre les intérêts budgétaires de l'armée, et dont l'autre, la *National Service League*, présidée par le vieux maréchal Roberts, menait une campagne ardente en faveur du service obligatoire. Le maréchal Roberts se bornait d'ailleurs à préconiser une sorte de système suisse, comportant quatre ou six mois de présence sous les drapeaux, suivant les armes, pendant la première année de service, et quinze jours dans les deux années suivantes. Malgré son prestige personnel et son admirable activité, le maréchal n'avait même pas pu faire adopter par la Chambre des Lords ce principe édulcoré du *compulsory service*, et il était manifeste que le pays ne voulait pas s'engager dans cette voie.

Non seulement leurs grands et sempiternels principes interdisaient aux libéraux, radicaux et socialistes d'adhérer à la campagne de Lord Roberts, mais les conservateurs étaient eux-mêmes fort divisés sur la question. Je conserve

comme un modèle de fatuité et d'imprévoyance
la lettre que m'adressait un de ces derniers en
1913, à propos d'une critique, pourtant bien modérée, que je m'étais permis de faire de ses articles,
malheureusement publiés dans une revue française. La grande épée de chevet de ces traditio-
nalistes était que la contribution de l'Angleterre
à une guerre européenne était d'ordre maritime,
et que l'armée britannique ne pouvait avoir
que deux destinations : le renforcement des garnisons aux points menacés de l'Empire, et la
garde des côtes de la mère patrie. Un écrivain
militaire, et même militariste, le colonel Repington, écrivait dans le *Times* en 1913 que la flotte
britannique, protégeant la France à la fois contre
la flotte allemande et contre l'Italie, nous permettait de dégarnir notre frontière des Alpes, de
faire venir de l'Algérie et de toute l'Afrique française des renforts importants, bref, procurait à
notre armée un accroissement de 500.000 hommes.
« Nous demander en outre, disait Repington,
de créer une armée susceptible de combler la dif-
férence qui ira s'accentuant toujours davantage
entre les armées française et allemande, c'est
nous demander de remplir une obligation qui
incombe à la Russie. » On voit que le colonel
Repington lui-même n'était pas, comme on dit
vulgairement, *à l'échelle* de la guerre future.

J'écrivais le 1er juillet 1913 dans les *Questions
diplomatiques et coloniales : «* Au mois de février

dernier, Lord Roberts a fait à la Chambre des Lords la déclaration suivante : « Les principes de « saine stratégie nous commandent d'envoyer « sur le continent, dès le début de la guerre, la « *totalité* du corps expéditionnaire. » Malheureusement, pour convaincre les Anglais de la nécessité du *compulsory service*, le même Lord Roberts a été obligé de faire une campagne quelque peu outrancière pour frapper davantage l'opinion publique, et a peut-être exagéré les vices de l'organisation actuelle. Pour le moment, il n'a pas encore réussi à convertir ses compatriotes, et en revanche l'opinion publique est devenue tellement méfiante à l'égard de l'armée territoriale qu'elle verrait d'un mauvais œil le départ de tout le corps expéditionnaire. Il est donc possible que, le cas échéant, le Gouvernement se résolve à prendre une cote mal taillée, c'est-à-dire à conserver dans les Iles britanniques une fraction de ce corps expéditionnaire. »

C'est en effet ce qui est arrivé. Au moment de la mobilisation, quatre divisions d'infanterie sur six ont été immédiatement embarquées, les deux dernières ne sont venues que plus tard. Et voilà comment nous n'avons été aidés au début que par 70.000 Britanniques, qui n'ont pu d'ailleurs entamer leurs opérations que le 24 août, car leur mobilisation n'avait pas été très rapide. L'effectif de paix que j'ai indiqué plus haut montre qu'il fallait aux unités anglaises un appoint de 60 %

de réservistes pour être mises sur le pied de guerre. Qu'on n'oublie pas non plus que le maréchal French, commandant cette petite armée, n'était pas sous les ordres du général Joffre, pas plus que les Belges. On n'a jamais pu que lui envoyer des indications, des directives, lui adresser en quelque sorte des prières et non pas des ordres. Il a même fallu, à l'époque de l'Yser, qu'un grand homme de guerre français lui adressât des prières particulièrement pressantes pour l'empêcher de commettre des fautes irréparables.

Je reprends maintenant l'étude des opérations de notre aile gauche.

Les préliminaires
de la bataille de Charleroi.

Ce n'est pas avant le 12 août que le G. Q. G. semble s'être méfié d'un mouvement débordant des Allemands sur la rive gauche de la Meuse. Ses propres bulletins de renseignements contenaient déjà depuis plusieurs jours des indications sur les effectifs ennemis à l'ouest de ce fleuve, mais on sait que les idées préconçues sont les plus difficiles à déraciner. C'est à cette date du 12 août que, sur les instances du général Lanrezac, le G. Q. G. autorise ce dernier à porter le 1er corps de Mézières à hauteur de Dinant. Et c'est également le même jour qu'il affecte à la 5e armée les deux divisions d'Afrique, les 37e et 38e, qui doivent débarquer entre le 13 et le 16 août dans la zone Philippeville—Chimay. En même temps, le corps de cavalerie Sordet, commençant ses grandes randonnées, quittait Neufchâteau pour Rochefort, et de là poussait jusqu'aux abords de Liége, d'où il revenait bientôt, après avoir risqué de se faire couper, sur Rochefort, puis Paliseul, enfin sur Beauraing.

Les 37e et 38e divisions ne constituaient pas un renfort pour la 5e armée qui les recevait en échange du 2e corps, passé à la 4e armée. Le G. Q. G. commençait effectivement à monter ce qu'il croyait être sa manœuvre décisive, c'est-à-dire l'attaque par le centre. Et, visiblement, la 5e armée n'avait, dans sa pensée, avec ses éléments épars de Mouzon à Philippeville, qu'un rôle de flanc-garde à jouer, ses unités de droite devant être seules à participer à la grande offensive du Luxembourg. C'est pourquoi le général Joffre disait, dans l'après-midi du 14, au général Lanrezac qui était venu l'entretenir de ses inquiétudes relativement à la manœuvre débordante des Allemands par la Sambre : « Nous avons l'impression que les Allemands n'ont rien de prêt par là. » Dans la soirée du même jour, le général Lanrezac, revenu à son quartier général de Rethel, y trouvait des renseignements si précis qu'il n'hésitait pas à demander sur-le-champ l'autorisation

de faire remonter le gros de la 5e armée sur la
Sambre. L'autorisation de préparer le mouvement lui était donnée à regret le 15 août à 8 heures,
et on lui spécifiait que, le cas échéant, la 5e armée
devrait toujours être en état de se porter sur
le front Gédinne—Paliseul—Neufchâteau, ce qui
était manifestement inexécutable à partir du
moment où elle serait engagée sur les itinéraires
menant à la Sambre. C'est ce jour-là qu'a lieu
le combat de Dinant, où une division du 1er corps,
arrivée juste à temps, bouscule quelques bataillons allemands qui avaient surpris le passage du
fleuve à Dinant, et les rejette sur la rive droite.

Est-ce ce combat ou une autre indication
qui entraîne enfin la conviction du G. Q. G.?
Toujours est-il que, le 15 août, à 19 heures, le
commandant de la 5e armée reçoit l'ordre d'exécuter avec le gros de ses forces le mouvement
qu'il a proposé vers la Sambre. Mais par le même
ordre cette armée est elle-même profondément
modifiée. Elle passe à la 4e armée la division de
cavalerie Abonneau, le 11e corps, les 52e et 60e divisions de réserve, et reçoit en échange le 18e corps
venant de la région de Toul et le groupe des
trois divisions de réserve Valabrègue, maintenu
jusqu'alors à la disposition du G. Q. G. à Hirson.
Le 18e corps ne pourra arriver sur sa base Nouvion—La Capelle—Hirson que du 16 au 20 août.
Ainsi donc, quelques jours avant le grand choc,
voilà un ordre de bataille d'armée entièrement

bouleversé. Le général Lanrezac a perdu deux corps, le 2e et le 11e, qui précisément faisaient partie de son arrondissement d'inspection du temps de paix, les 52e et 60e divisions de réserve, et il reçoit des unités qui lui sont tout à fait inconnues, les deux divisions d'Afrique qui ne constituent pas un corps d'armée, mais dépendent directement de l'armée, avec des états-majors numériquement insuffisants, les trois divisions de réserve Valabrègue, et enfin le 18e corps. La force numérique de la 5c armée est restée à peu près la même, mais sa cohésion est beaucoup moindre. Ce n'est malheureusement pas dans l'armée française de 1914 que les chefs et les états-majors sont interchangeables, comme ceux de l'armée allemande. Il faut du temps aux uns et aux autres pour se connaître mutuellement et être en état de faire de bon travail. Circonstance aggravante, cette armée est dispersée. Le 1er corps monte la garde sur la Meuse entre Namur et Givet, les divisions d'Afrique sont du côté de Chimay et de Philippeville, le 18e corps débarque dans la région Nouvion—Hirson; le gros de l'armée, si gros il y a, composé des 3e, 10e corps et de l'artillerie lourde, est sur le front Mézières—Mouzon.

C'est ce gros qui va exécuter la marche que M. Hanotaux a définie, d'une expression aussi juste que pittoresque, la « marche en crabe », particulièrement pénible pour d'autres que ce crustacé. Ce gros va avoir, en effet, au moins 120 kilomètres à faire pour se porter sur la Sambre. Les forêts à l'ouest de la Meuse ne permettent pas la marche sur Namur, et comme la route qui longe le fleuve est trop dangereuse pour ne pas être interdite, il faut aller chercher celle qui passe par Rocroi et Marienbourg, et celles plus à l'ouest qui font de nombreux détours et allongent d'autant les itinéraires. En outre, les colonnes de combat vont avoir à traverser la zone où stationnent les parcs et les convois et seront par conséquent exposées à des encombrements.

Le mouvement est réglé comme suit par le général Lanrezac : le quartier général de l'armée sera le 18 août à Signy-le-Petit. Le 1er corps, dont le gros est à hauteur de Dinant, fera tenir les passages de la Meuse entre Givet et Namur et ceux de la Sambre en amont de Namur. C'est lui, en somme, qui couvre la concentration de l'armée, avec le corps de cavalerie Sordet qui vient de recevoir du G. Q. G. l'ordre de pousser au nord de la Sambre pour opérer vers Liége par la rive gauche de la Meuse, en liaison, si possible, avec l'armée belge. C'est exactement l'ordre qu'il eût été expédient de lui donner plus tôt, aussitôt connue l'attaque des Allemands sur Liége. Le 3e corps ira de Mézières par Signy-le-Petit sur Charleroi. Le 10e, de Sedan gagnera Le Châtelet (au sud de Rocroi) et se portera par Rocroi vers Fosse (au sud-ouest de Namur). Les deux divisions d'Afrique sont rattachées l'une au 3e corps, l'autre au 10e. Ces deux corps, entamant leur mouvement le 16, atteindront avec leurs avant-gardes Gerpinnes et Fosse dans la soirée du 20 août. Enfin le 18e corps, aussitôt ses rassemblements terminés, s'acheminera vers Thuin où sa tête arrivera le 21. Restent les trois divisions Valabrègue. Une d'elles, la division Boutegourd, arrivera à Dinant le 21 août au soir pour relever de sa faction sur la Meuse le 1er corps; les deux autres, divisions Néraud et Perruchon, se placeront au nord-est de Maubeuge à la gauche du 18e corps. En définitive, quoiqu'il ne perde pas de temps, ce n'est pas avant le 22 août que le général Lanrezac aura pu prendre son dispositif de combat, puisque, le 21 au soir, le 1er corps sera encore en cours de relève sur la Meuse à hauteur de Dinant. Il est donc hors de doute que la remontée vers la Sambre de cette armée a été ordonnée quatre ou cinq jours trop tard, et que la responsabilité en incombe au G. Q. G.

Les mouvements prescrits par le général Lanrezac ne suggèrent qu'une observation importante, au sujet du rôle dévolu à ces malheureuses divisions de réserve, dont il semble bien que les commandants d'armée aient été plutôt empêtrés au début de la campagne. Ici, comme dans les armées de l'Est, on ne trouve à leur donner que des missions de flanc-garde, considérées à tort ou à raison comme plus faciles à remplir que d'autres. Aussi le général Lanrezac n'hésite-t-il pas à faire passer de la gauche à la droite, malgré la perte de temps qui en résulte, la division Boutegourd, pour libérer celui de ses corps d'armée qu'il regarde comme le meilleur, le 1er. On est surpris de l'énorme trou que cette unique division va être appelée à boucher entre la 5e et la 4e armée. Après avoir exagérément pratiqué le système du cordon continu, avoir bondé de troupes la région au sud de la Semoy qui se défendait d'elle-même, et avoir pour cette raison refusé de concentrer dès le début l'armée Lanrezac là où était sa vraie place dans toutes les hypothèses, c'est-à-dire dans le bec formé par la Meuse et la Sambre, voilà qu'on exposait une seule division de réserve à recevoir les coups de boutoir d'une armée allemande tout entière. Nous verrons plus loin quelles ont été les conséquences de cette erreur pour la bataille de Charleroi, erreur qui aurait pu être désastreuse sans l'indécision du général saxon von Hausen, chargé de franchir la Meuse dans les parages de Dinant.

Les mouvements de la 5e armée, du 16 au 20 août, s'effectuèrent sans incident notable. Il y eut seulement de petites piques avec les Anglais à propos de cantonnements, et un refus du maréchal French à la demande très justifiée que lui adressait le général Lanrezac de faire participer la division de cavalerie britannique à la couverture du dispositif. La réponse du maréchal mérite d'être connue : « Je devais avoir trois corps d'armée, je n'en ai que deux (¹), je conserverai donc ma cavalerie pour me servir de réserve. » En dehors de cet épisode, il n'y a, pour ces quatre jours, à signaler qu'une nouvelle déconvenue du corps de cavalerie Sordet. Cette grosse unité était réunie le 17 août dans les environs de Fleurus. Par suite d'un malentendu, le régiment de soutien d'infanterie qui l'avait accompagnée dans ses pérégrinations en Luxembourg l'avait quittée en passant à Dinant, où il avait retrouvé le second régiment de sa brigade. Le lendemain 18, le général Sordet, informé qu'une masse importante de cavalerie allemande se trouvait dans la région Perwez—Ramillies-Offus, espère enfin la joindre et la battre en se faisant appuyer sur ses deux flancs par de l'infanterie belge. Il est convenu qu'à sa gauche une brigade belge va marcher de Longueville sur Orbais et qu'à sa droite agira un détachement de la garnison de Namur. Il est, je crois, inutile de discuter une pareille conception pour une grande unité de cavalerie. Toujours est-il que l'opération échoue. La brigade belge de gauche vient précisément d'être touchée par l'ordre de retraite de son armée, qui se replie décidément dans la direction d'Anvers. Le gouverneur de Namur se borne à envoyer quelques patrouilles. Le

---

(1) Les trois corps d'armée auraient été constitués avec les six divisions du corps expéditionnaire au complet. Ainsi que je l'ai déjà dit, quatre divisions seulement, formant deux corps, furent débarquées en France au début des hostilités.

corps Sordet recule alors entre Wavre et Gembloux, revient ensuite sur Perwez où il se heurte à des troupes de toutes armes, et, en fin de compte, ayant mis ses montures dans un état lamentable, se replie derrière le canal de Charleroi à Bruxelles, dont il fait tenir les passages entre Gosselies et Seneffe.

Le 20 août au soir, la situation de la 5ᵉ armée est donc à peu près celle qui a été ordonnée par le général Lanrezac cinq jours auparavant. Toutefois la tête du 18ᵉ corps est encore à une marche au sud de Thuin. Quant à la division Boutegourd, elle n'atteindra Dinant que le lendemain, comme il était prévu. Enfin les deux autres divisions du groupe Valabrègue sont au nord-est de Maubeuge.

L'armée anglaise achève ses débarquements au sud de Mons; elle ne doit s'ébranler que le 22 août pour gagner le front Condé-sur-Escaut—Mons—Binche, d'où elle ne pourra déboucher que le 23 au plus tôt. L'armée belge est en pleine retraite sur Anvers, son quartier général à Malines. Les Allemands sont maîtres des forts comme de la ville de Liége et commencent l'investissement de Namur. Le gouverneur de cette dernière place, le général Michel, demande des secours en hommes et en munitions qu'il est impossible de lui donner.

Malgré ces indices fâcheux, le général Lanrezac estime que Namur tiendra bien cinq ou six jours. S'il est assez bien informé des mouvements des Allemands qu'il sait déjà dans le voisinage de

Bruxelles et dont il soupçonne la manœuvre débordante sur notre aile gauche, il l'est assez mal de leurs effectifs et ne situe pas à l'ouest de la Meuse plus de huit ou dix corps d'armée, alors qu'en réalité les armées Bülow et Kluck en comptaient treize. Mais il a connaissance d'un groupe important à l'est de la Meuse, entre Dinant et Marche, menaçant par conséquent son flanc droit, et qui n'est autre que l'armée Hausen.

Le 20 août, le G. Q. G. donne les directives d'attaque aux 3e, 4e, 5e armées françaises. A l'est de la Meuse la 4e armée, forte de six corps d'armée et demi actifs, rompra du front Mézières—Verdun et attaquera sur le front Gédinne—Paliseul—Neufchâteau—Arlon. La 3e, débouchant de Verdun, appuiera la droite de la précédente. A l'ouest de la Meuse, la 5e armée prendra l'offensive au nord de la Sambre, sa gauche passant par Charleroi. A sa gauche, l'armée britannique se portera de Mons sur Nivelle (je viens de dire que ce mouvement n'était pas possible avant le 23 août), enfin, le corps de cavalerie Sordet opérera à la gauche des Britanniques.

Le terrain où il doit attaquer ne dit rien de bon au général Lanrezac. C'est le bassin houiller du Borinage. La Sambre n'est pas par elle-même un obstacle très sérieux, mais ses deux rives sont couvertes de localités, de vergers et de murs. C'est un dédale dans lequel l'infanterie ne peut cheminer facilement, et où l'absence de vues empêche l'artillerie de jouer son rôle de soutien. Le général Lanrezac estime en tout cas impossible d'attaquer avant le 22 août. Il veut disposer du 1er corps, qu'il considère comme son corps d'élite, et cette grande unité ne sera pas relevée sur la Meuse par la division Boutegourd avant le 22. Au reste, les autres corps de la 5e armée ne sont pas encore sur leurs emplacements de départ, et enfin le général Lanrezac ne se soucie pas de gagner du terrain tant que l'armée britannique n'aura pas rattrapé son retard et tant que la 4e armée ne sera pas sortie des gorges de la Semoy et en état de s'opposer à une avance de l'armée Hausen.

Cette manière de voir devait amener à brève échéance la brouille entre le général Lanrezac et le G. Q. G. Le premier, très peu enthousiaste de la stratégie du G. Q. G., mécontent, et à juste titre, du bouleversement qu'on avait introduit dans l'ordre de bataille de son armée quelques jours avant qu'elle fût jetée dans la fournaise, n'avait qu'une faible confiance dans le plan qu'on lui imposait. Tandis que le G. Q. G. voyait dans la 5e armée une armée d'aile engagée avec les Britanniques contre l'extrême droite allemande, le général Lanrezac, jugeant plus sainement la situation, craignait pour sa gauche l'enveloppement ou au moins le débordement, et jugeait prudent d'assurer ses liaisons avec les Britanniques et avec la 4e armée. L'alignement et surtout le maintien de la continuité du front étaient ses grandes préoccupations. Dans toute la première partie de la guerre, et notamment lors de la course à la mer, plusieurs de nos chefs auront le même souci. La possibilité de créer des poches dans le front ennemi ne les tente pas, parce qu'ils les estiment plus dangereuses pour nous que pour les Allemands. Cette hésitation leur venait en somme de la conviction qu'en 1914 les unités allemandes avaient, tactiquement parlant, une supériorité marquée sur les unités françaises de même ordre, conduisaient le combat avec plus de science que les nôtres et bénéficiaient d'une discipline incomparable. On ne saurait contester que ces raisons d'être prudent ne fussent parfaitement justifiées. J'ai déjà fait remarquer plus haut que la doctrine du G. Q. G., consistant à attaquer partout et à « bourrer » droit devant soi sans se préoccuper de ce qui se passait à droite ou à gauche, aurait peut-être été appropriée à une lutte contre l'armée austro-hongroise, mais se trouvait en défaut vis-à-vis d'un adversaire comme l'armée allemande.

En lisant les instructions du G. Q. G. le général Lanrezac décide donc de ne pas brusquer le mouvement et, en attendant le moment d'attaquer, de s'établir défensivement sur de fortes positions, au sud de la Sambre. Le 1er corps est maintenu à la garde de la Meuse jusqu'à sa relève par la division Boutegourd. Les 10e et 3e corps, renforcés chacun d'une division d'Afrique, tiennent, le premier

Fosse, Vitrival et Le Roux, le second Nalinnes, Tarcienne et Gerpinnes. Le 18e corps s'achemine vers Thuin et les deux divisions Valabrègue, en arrière de ce dernier, doivent assurer la liaison avec l'armée britannique. Le général Lanrezac interdit formellement, jusqu'à nouvel ordre, d'aller dans les fonds de la Sambre autrement qu'avec des détachements, pour disputer les passages aux éclaireurs ennemis.

Il arrête en même temps son dispositif d'attaque, qui jouera le 22 ou seulement le 23. La division Boutegourd assurera la garde de la Meuse en amont de Namur. Les 1er et 10e corps, avec les deux divisions d'Afrique, attaqueront en passant à l'ouest de Namur, parce que le terrain y est plus découvert et qu'on bénéficiera de l'appui du canon de la place. Les 3e et 18e corps et les deux divisions Valabrègue se contenteront de maintenir l'ennemi sur le front Ham-sur-Sambre—Fontaine-l'Évêque.

Il faut reconnaître que si ce plan d'attaque était tactiquement le meilleur en ce sens qu'il tenait compte du terrain, de la possibilité d'employer l'artillerie et de l'appui de la place de Namur, il ne pouvait guère amener des résultats stratégiques, sauf dans le cas, que le général Lanrezac considérait lui-même comme improbable, où la ligne allemande aurait été crevée de part en part, et où les corps allemands de l'ouest auraient été coupés des autres. Je ne crois pas m'avancer beaucoup

en supposant que le général Lanrezac n'a pas obéi
seulement à des considérations tactiques, mais a
voulu aussi attaquer par sa droite parce que c'est
de ce côté que se trouvaient celles de ses troupes
qui lui inspiraient le plus de confiance. On ne saurait trop répéter que les grandes unités françaises
de cette époque n'étaient pas interchangeables
et que les commandants d'armée hésitaient toujours à donner à certaines d'entre elles des missions trop difficiles. Dans l'espèce, les préoccupations du général Lanrezac étaient d'autant plus
légitimes que les marches que la 5ᵉ armée venait
d'exécuter avaient dénoté, dans beaucoup de régiments, une discipline assez médiocre. Par les
grandes chaleurs du mois d'août 1914, quantité
d'hommes s'arrêtaient sous prétexte de fatigue et,
se jugeant trop chargés, jetaient des effets de
rechange, des vivres et des outils dont les routes
étaient jonchées. Les gradés, surtout ceux de
réserve dont l'autorité était loin d'être assise, ne
réagissaient pas toujours avec assez de vigueur.
Il aurait fallu recourir immédiatement au décret
sur les cours martiales promulgué par le Gouvernement de la Défense nationale en 1870. De rares
exemples, faits dès le début, auraient suffi à rétablir la discipline, tandis que, plus tard, le mal ayant
pris plus d'extension, on se trouva aux prises avec
de grosses difficultés. Le général Lanrezac dit
quelque part, avec infiniment de raison, que dans
les armées françaises la discipline est plus impor-

tante que la bravoure, laquelle est une qualité innée de la race. C'est l'indiscipline qui a été cause de certaines défaillances, malheureusement incontestables, mais qui ne doivent pas faire oublier l'héroïsme de beaucoup d'autres unités.

L'instruction tactique de nos cadres n'inspirait pas au général Lanrezac moins d'appréhension, et il est juste de dire qu'il n'avait pas attendu la guerre pour les manifester. Dans un rapport qu'il avait rédigé en 1912 à propos des modifications à apporter au règlement d'infanterie de 1904, il écrivait : « L'insuffisance d'un grand nombre de chefs de tout rang s'explique par un manque de pratique auquel rien ne peut remédier. La tactique est un métier où, comme dans tous les autres, on ne parvient à la maîtrise qu'à force d'exercice. L'instruction des officiers doit être complétée dans des manœuvres à double action avec des unités portées à l'effectif de guerre, dans un terrain vaste et suffisamment varié, peu ou point connu des troupes et accessible dans toutes ses parties. Les troupes passent dans les camps d'instruction un temps trop court, dont une grande partie consacrée au tir. Celles qui participent aux grandes manœuvres s'exercent au cours des marches de concentration, mais l'étape à parcourir ne permet pas de consacrer à la manœuvre le temps nécessaire pour qu'elle soit fructueuse. Aussi, lorsque commencent les grandes manœuvres proprement dites, les chefs supposés instruits ne le sont pas. »

Lorsque, deux années plus tard, c'est-à-dire à la veille de la guerre, le procédé d'attaques brutales préconisé par la jeune école devint la règle, le général Lanrezac lui reprochait surtout de nécessiter de la part des chefs un coup d'œil et une maîtrise que très peu d'entre eux possédaient.

Le 21 août, les mouvements prescrits à la 5e armée s'effectuèrent sans incident, sauf que le corps de cavalerie Sordet fut obligé d'abandonner la ligne du canal de Charleroi à Bruxelles et de se replier vers la Sambre à la gauche du 18e corps. La droite des Allemands, déjà entrée dans Bruxelles, semblait vouloir se rabattre vers le sud; à leur centre, les avant-gardes avaient pris sur la Sambre le contact de nos postes avancés; leur gauche avait commencé l'investissement de Namur. Le 22, au matin, s'engage la bataille dite de Charleroi.

La bataille de Charleroi.

Elle commence par une désobéissance formelle des 10e et 3e corps aux instructions du commandant de l'armée. Dès l'aube, la division de gauche du 10e corps abandonne les positions qu'elle devait conserver jusqu'à nouvel ordre et se lance à l'attaque des détachements allemands postés sur la Sambre. Elle ne tarde pas à venir buter contre des positions solidement tenues, flanquées par d'innombrables mitrailleuses. Notre infanterie, soumise à des rafales terribles, cède devant les contre-attaques allemandes et ne tarde pas à être rejetée en deçà de sa ligne de départ. La division de droite, qui tente de dégager la première en attaquant à son tour, n'est pas plus heureuse, et le commandant du 10e corps se voit forcé d'engager ses réserves pour rétablir le combat. L'artillerie allemande tire sur zones pour battre en tous sens le terrain occupé par nos troupes. Les « marmites » de 15cm pleuvent un peu partout, et si ce tir dispersé ne nous cause pas de très grandes pertes matérielles, il a un singulier effet moral sur nos jeunes troupes, qu'énerve la présence constante d'avions de réglage ennemis planant sur elles. Quant à notre artillerie, si elle fait merveille quand l'infanterie ennemie se risque en terrain découvert, elle semble impuissante à contrebattre efficacement les batteries adverses, principalement les obusiers de 15cm, hors de vue et hors de portée. Elle n'a d'ailleurs pas à proximité de la ligne de feu la quantité énorme de munitions qui semble alimenter le tir allemand.

En résumé, dès cette matinée du 22, se manifestent tous nos points faibles :

1º Le fétichisme de l'offensive nous incite à nous lancer à l'aveuglette sur les rives de la Sambre, comme nous l'avions fait quelques jours auparavant sur les hauteurs de Morhange, en Lorraine ;

2° Le même fétichisme nous a fait négliger l'organisation défensive de la ligne de départ, si bien que dans la retraite nous n'avons pu y trouver de points d'appui et y arrêter l'attaque ennemie ; le général Lanrezac a pu constater dans la matinée du 22 que les tranchées qui auraient dû être creusées par les 10e et 3e corps n'avaient été qu'ébauchées ; on sait que notre soldat a toujours eu horreur de remuer la terre, et qu'il a fallu lui faire violence au début de la guerre de tranchées pour changer ses habitudes ; l'instruction relative à la fortification de champ de bataille avait d'ailleurs été déplorablement négligée dans nos régiments ; j'ai déjà dit plus haut que dans beaucoup de corps de troupe les soldats de la jeune classe n'avaient pas remué une pelletée de terre quand ils ont été mobilisés ;

3° La disproportion des mitrailleuses est flagrante dans les deux infanteries ; elle tient à ce que cette arme, considérée jusque dans les derniers temps de la guerre, où elle a été employée offensivement, comme particulièrement efficace dans la défensive, ne pouvait être appréciée à sa juste valeur par une armée qui n'admettait que comme un cas exceptionnel la forme défensive du combat ;

4° Si notre canon de 75 est incontestablement très supérieur au 77 allemand, nos artilleurs se contentent en général du tir masqué et ne sont pas rompus à la pratique du tir indirect, nécessitant des procédés d'observation que nous n'avons pas su mettre au point avant la guerre; l'avion de réglage n'est pas encore adopté chez nous, alors qu'il fonctionne déjà très convenablement chez l'ennemi;

5° Les gros obusiers allemands tirant de très loin n'ont pas leur équivalent chez nous; sans leur faire beaucoup de mal, ils décontenancent nos troupes, notamment nos régiments de réserve.

Ces observations sont valables pour tous les combats livrés au cours de la bataille des frontières.

Dans la matinée du 22, la désobéissance du 3e corps a été encore plus flagrante que celle du 10e. On sait, par l'ordre relaté ci-dessus du général Lanrezac, que ce corps avait un rôle défensif. Il avait à garder un front d'une douzaine de kilomètres qu'il avait mission d'organiser. Les travaux de défense furent nuls, et les fonds de la Sambre furent attaqués dans la nuit du 21 au 22 août. L'échec fut encore plus complet que celui du 10e corps, et le désordre se mit dans plusieurs unités, après les pertes les plus sévères. Quant au 18e corps qui avait à contenir les Allemands sur Thuin, il se voit menacé sur son flanc gauche et réduit à la stricte défensive. En définitive, la journée du 22, qui devait être pour la 5e armée une journée d'attente et de préparation, a vu se livrer une série de combats décousus et malheureux, contre la volonté du commandant de l'ar-

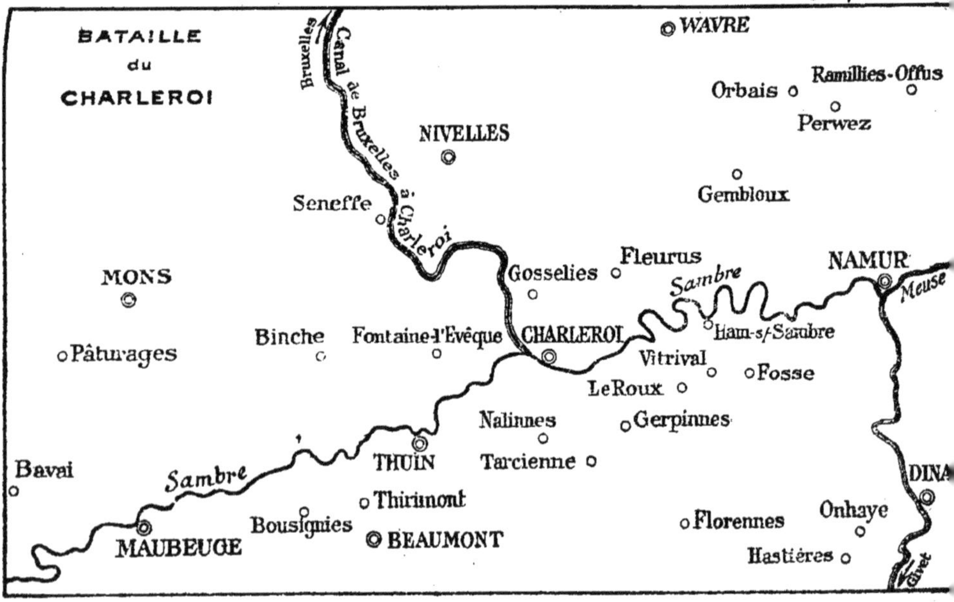

BATAILLE
du
CHARLEROI
Bruxelles
Canal de Bruxelles à Charleroi
WAVRE
Orbais
Ramillies-Offus
Perwez
NIVELLES
Gembloux
Seneffe
MONS
Fleurus
Sambre
NAMUR
Meuse
Gosselies
Pâturages
Binche
Fontaine-l'Evêque
CHARLEROI
Ham-s/-Sambre
Vitrival
Fosse
Le Roux
Nalinnes
Gerpinnes
Bavai
Sambre
THUIN
Tarcienne
DINA
Thirimont
Onhaye
Bousignies
BEAUMONT
Florennes
Hastières
MAUBEUGE
Givet

mée, qui savait que les Anglais ne pourraient pas entrer en ligne ce jour-là et que le 1er corps ne serait pas encore disponible.

En présence de ces premiers résultats peu encourageants, il semble que le général Lanrezac ait renoncé, dès le soir du 22, à l'attaque de grand style qu'il avait envisagée précédemment avec l'aile droite de ses forces. Il estime pourtant qu'il sera en état le lendemain, si les Allemands veulent pousser leurs avantages sur les 3e et 10e corps, de les contre-attaquer avec succès avec son corps d'élite, le 1er, enfin relevé de sa faction sur la Meuse.

Mais moins que jamais il espère percer la ligne allemande et il se rend compte que si l'armée Bülow, contre laquelle il vient de lutter, n'a pas montré en fin de journée plus de mordant dans la poursuite, c'est qu'en réalité le haut commandement allemand entend réserver le rôle décisif à l'armée Kluck, déployée maintenant à la droite de Bülow, et qui va se jeter sur les Anglais avec des forces très supérieures.

Les ordres donnés dans la soirée du 22 assignent donc aux 10e, 3e et 18e corps les positions sur lesquelles ils doivent tenir, et prescrivent au 1er corps d'être prêt à intervenir sur le flanc des forces allemandes engagées de front contre le 10e corps.

Le 23 août, à 7 heures, la bataille reprend sur tout le front, caractérisée par une avance très circonspecte des fantassins allemands et les rafales incessantes de leur artillerie. Les populations du Borinage, fuyant devant les Allemands, traversent en foule nos lignes, encombrant les routes de leurs véhicules, et produisant sur nos troupes un effet plutôt démoralisant. Le même fait s'est produit dans la bataille des Ardennes.

Cependant vers midi, au moment où le général Lanrezac va donner au 1er corps l'ordre d'attaquer la Garde prussienne engagée contre le 10e corps, arrivent de mauvaises nouvelles. La 4e armée, qui n'a pas pu s'assurer la possession du terrain au nord des bois de la Semoy, a été obligée de refluer dans cette dangereuse région et se replie vers la Meuse. Une forte avant-garde allemande de toutes armes a trompé la surveillance de la division Boutegourd, surpris le passage de la Meuse au sud de Dinant, escaladé les hauteurs de la rive gauche et occupé le village d'Onhaye sur les derrières du 1er corps. Enfin l'armée Kluck, s'avançant à marches forcées, s'est rabattue de Bruxelles sur Mons et a attaqué l'armée britannique sur son front et sur son flanc gauche. Le général Lanrezac court au plus pressé. Il faut reprendre Onhaye à cette avant-garde ennemie qui n'est autre que la tête de l'armée Hausen et qui menace nos derrières. Le 1er corps est, à cet effet, amputé de la brigade Mangin et son offensive s'en trouve entravée. Fort heureusement Hausen s'en laisse imposer par Mangin qui a foncé sur Onhaye avec sa fougue coutumière; il n'ose plus dépasser la Meuse et son hésitation nous sauve d'un mortel danger.

Rentré à son quartier général de Chimay, le général Lanrezac y reçoit des nouvelles qui lui paraissent aggraver singulièrement sa situation. D'abord, la gauche de la 4e armée se replie sur Mézières, si bien qu'il n'y a plus que quelques bataillons de réservistes de Mézières à Givet et que le danger pour la 5e armée d'être coupée de la 4e n'est plus seulement dans les parages d'Onhaye, mais aussi plus au sud. Ensuite, l'officier de liaison envoyé à Namur rapporte que les Allemands ont enlevé les forts du nord et occupé la ville; la garnison s'est débandée et contribue à augmenter l'encombrement de notre droite, embarrassée en outre par les fuyards de la population civile. Enfin l'armée britannique est déjà tenue en échec. Le G. Q. G. a fait connaître au maréchal French qu'il a devant lui trois à quatre corps d'armée et une nombreuse cavalerie. En réalité, il y avait sur les Britanniques cinq corps de l'armée Kluck (les deux autres étant restés en observation devant l'armée belge d'Anvers dans la région de Malines) et le corps de cavalerie von der Marwitz.

En ce qui concerne la 5e armée, les 1er et 10e corps continuaient à faire bonne contenance, mais il n'en était pas de même des 3e et 18e, ce dernier fort inquiété par ce qui se passait du côté des Britanniques. Ne recevant pas d'ordres du G. Q. G., le général Lanrezac prend alors sur lui d'ordonner la retraite. Dès la nuit du 23 au 24, la 5e armée se mettra en marche pour gagner la ligne générale Givet—Philippeville—Beaumont—Maubeuge.

Cet ordre aggrava le différend qui existait déjà depuis plusieurs jours à l'état latent entre le G. Q. G. et le général Lanrezac. « En dépit de l'échec de notre centre, dit le G. Q. G. dans sa relation des quatre premiers mois de la guerre, notre manœuvre pouvait réussir encore si notre gauche, 5e armée et armée britannique, obtenait un résultat décisif. Ce ne fut malheureusement pas le cas. Le 22 août, les Allemands, au prix de pertes d'ailleurs formidables, réussissaient à passer la Sambre, et le général Lanrezac, au lieu de contre-attaquer le 23, se repliait le 24 sur Beaumont—Givet, inquiet des menaces que l'ennemi, croyait-il, dirigeait sur sa droite. Ce même jour, l'armée britannique qui, le 23, au lieu de seconder utilement l'armée Lanrezac, était demeurée hésitante, se repliait devant une attaque allemande sur la ligne Maubeuge—Valenciennes. »

Je ne fais pas ici œuvre de parti et je ne veux pas rechercher si le général Lanrezac a été ou non un grand capitaine, ou seulement si un autre chef n'aurait pas obtenu des 10e et 3e corps une obéissance plus exacte et n'aurait pas prévenu le désordre tactique de la journée du 22, qui devait frapper de stérilité les efforts du lendemain en désorganisant prématurément tout le mécanisme de l'attaque. Mais il est bien évident que les phrases que je viens de citer ont été écrites par le G. Q. G. un peu à la légère, et que la contre-offensive de la 5e armée le 23 août était plus facile à recommander qu'à exécuter. Ce n'est pas seulement pour sa droite, comme le dit le G. Q. G., que craignait le général Lanrezac, mais aussi pour sa gauche qu'il jugeait très insuffisamment étayée par les forces britanniques : opinion que les faits ne devaient pas infirmer, puisque le maréchal French allait avoir sur les bras cinq corps de l'armée Kluck.

Je résume en quelques mots l'action britannique pendant que la 5e armée livrait la bataille de Charleroi.

Le maréchal French avait eu primitivement l'intention d'établir son armée sur la ligne Condé—Mons—Binche, Mons étant le point de suture de ses deux corps d'armée Smith Dorrien et Douglas Haig. Mais dès la matinée du 22, apprenant que les Allemands tenaient déjà Charleroi, il jugea cette position trop dangereuse et préféra refuser son front sur les routes de Mons à Beaumont et à Maubeuge, pour bénéficier de l'appui de cette dernière place. Le 23 août au matin, croyant encore n'avoir devant lui qu'un ou deux corps allemands et peut-être une division de cavalerie, il organise défensivement la ligne qu'il avait choisie, avec plus de soin, il faut bien le dire, que nos troupes de la 5e armée ne l'avaient fait l'avant-veille. Néanmoins il est impossible de ne pas voir là un manque de coordination complet entre les efforts des deux armées. Notre 5e armée combat déjà depuis deux jours au sud de la Sambre, et les Britanniques, jugeant encore n'avoir affaire qu'à des forces à peine égales aux leurs, ne bougent pas et se retranchent! En réalité une offensive britannique n'aurait rien donné parce qu'elle se serait heurtée à des contingents beaucoup plus considérables que ceux que supposait le maréchal French, mais étant donné la situation générale et l'idée que le maréchal se faisait de l'ennemi, elle aurait dû être tentée. On arrive donc à ce résultat paradoxal que, pour avoir été mal renseigné d'une part et n'avoir pas pratiqué la camaraderie de combat d'autre part, le maréchal French a fait ce qu'il était en réalité le plus sage de faire!

Dès le lendemain 23, il est d'ailleurs détrompé. La journée ne s'annonce pas mal, grâce à l'organisation défensive du champ de bataille et à la bonne instruction tactique des petites unités britanniques. Leurs mitrailleuses infligent des pertes terribles à la première attaque allemande. Mais dans l'après-midi arrive un message du **général** Joffre « informant le maréchal britannique qu'au moins trois corps allemands marchent contre lui, et que, d'autre part, les deux divisions Valabrègue, placées à sa droite, se retirent, ainsi que la 5e armée française, les Allemands ayant réussi à franchir la Sambre entre Charleroi et Namur » (¹). Ces indications, extraites d'un rapport anglais, laissent un point obscur, car à l'heure où le message du G. Q. G. arrivait au maréchal, la retraite de la 5ᵉ armée n'était pas encore décidée par le général Lanrezac; elle ne devait l'être que quelques heures plus tard. Quoi qu'il en soit, French, apprenant ces graves nouvelles, se replie seulement de quelques kilomètres, jusque sur le front Boussignies—Thirimont, et c'est seulement dans la soirée, quand ses reconnaissances aériennes ne lui laissent plus de doute sur les gros effectifs allemands qu'il a devant lui, et qu'il a la certitude que la 5ᵉ armée va bien battre en retraite, qu'il se résout à se retirer lui-même sur Maubeuge dès le lendemain 24.

On peut donc conclure de tout ceci que les reculs de French et de Lanrezac ont été simultanés. Ils se décrochent tous les deux sans trop de peine, tout comme les autres armées françaises. Dans les relations qu'il a rédigées quelques mois plus tard, le G. Q. G. aurait eu bonne grâce à reconnaître que c'est précisément ce décrochage opportun qui lui a facilité sa belle manœuvre de la

---

(1) Il est assez intéressant de constater que c'est le G. Q. G. qui renseigne le maréchal French sur les forces qu'il a devant lui, quoiqu'il y ait beaucoup de cavalerie dans les parages des Britanniques, le corps Sordet et une division britannique. Il est vrai que j'ai déjà eu l'occasion de dire plus haut que cette dernière, « tenue en réserve par le maréchal French », n'avait pu faire par conséquent de service d'exploration.

Marne, tandis que s'il avait été différé, on ne sait pas trop dans quel état seraient revenues les armées French et Lanrezac.

Lille et Maubeuge.

Je ne puis clore le chapitre de Charleroi sans examiner si les places de Lille et de Maubeuge, judicieusement utilisées, auraient pu rétablir nos affaires à la gauche de l'immense champ de bataille, dans les environs du 22 août, ou tout au moins jouer un rôle dans le développement ultérieur des opérations.

Il faut d'abord rappeler le douloureux historique des ordres et contre-ordres donnés pour la défense de Lille. J'ai déjà dit plus haut qu'au moment où la guerre a éclaté, par suite de l'ingérence des politiciens dans les questions militaires, Lille était en « instance de déclassement » (1). En juillet 1914, dit M. Engerand dans son livre sur Charleroi, le général gouverneur Lebas avait demandé au ministre s'il devait défendre Lille, l'assurant d'ailleurs que cette défense était parfaitement possible. Il lui fut répondu le 1er août de considérer Lille comme une ville ouverte et d'attendre lui-même une nouvelle affectation, qui

____

(1) Voir sur la question de Lille l'*Histoire de la Guerre* de M. HANOTAUX, et le *Drame de Charleroi* de M. ENGERAND.

lui fut effectivement donnée dix jours plus tard.
On était encore au moment où le G. Q. G. ne prévoyait pas du tout l'extension des opérations à
l'ouest de la Meuse. Quelques jours plus tard,
contre-ordre. On commence à douter que le plan
de défense conçu pour le Nord de la France par
le général Seré de Rivières au lendemain de la
guerre de 1870 soit aussi désuet qu'on l'avait
cru. Le général Herment est nommé gouverneur
de Lille dont la garnison, le 21 août, est portée
à 28.000 hommes. La place compte 450 bouches
à feu. Le général Herment procède avec la plus
louable énergie à la mise en état de défense des
dix-neuf forts et de leurs intervalles; il lui faut
tout improviser, car le journal de mobilisation a
été supprimé quelques mois avant la guerre. C'est
alors que commencent une série d'intrigues, sur
lesquelles MM. Hanotaux et Engerand ont eu le
courage de dire la vérité.

Le 22 août, au moment où la bataille faisait
rage sur les bords de la Sambre, le général Percin,
commandant la 1re région, reçut la visite du
maire, du préfet et des sénateurs de la région qui
viennent le prier d'épargner à la population les
horreurs d'une défense d'ailleurs inutile, vu l'état
de la place. Le général Percin répondit qu'il n'avait
qu'à se conformer aux ordres de ses chefs, et qu'en
outre son avis personnel était que Lille était capable de prêter un appui très sérieux aux troupes
de campagne et rendrait à la défense nationale

un service signalé s'il tenait seulement pendant quinze jours les forces allemandes en échec. Il envoya à la presse un communiqué destiné à rappeler leur devoir aux communes extérieures, et dans lequel était cité l'exemple récent de Liége (¹).

Il faut noter qu'à cette date du 22 août la garnison de Lille n'était pas isolée. Six jours plus tôt, le G. Q. G. avait constitué l'armée d'Amade avec quatre divisions territoriales, pour exercer une action de surveillance sur le territoire compris entre l'Escaut et l'Yser. La 84e division était aux environs de Valenciennes, la 82e entre la Scarpe et la Lys, la 81e vers Hazebrouck, enfin la 88e devait débarquer le 23 à Arras et se porter sur Cysoing. Si jamais une place, suivant l'expression si souvent répétée en temps de paix, pouvait servir de « pivot de manœuvre » à une armée manœuvrant en rase campagne, c'était bien Lille pour les quatre divisions assez éparpillées du général d'Amade. Dès le 23, ce dernier arrivait à Lille pour combiner avec le général Herment une opération ayant pour but de réoccuper Tournai que les Belges venaient d'évacuer. C'est au cours de cet entretien que survient le préfet du Nord, réitérant aux deux généraux la même invite que la veille et en recevant la même réponse. Au même moment, dans un café, se tenait une réunion

---

(1) Général Percin, *La Vérité ; Lettre à un ami, du 25 septembre 1914,* relatée par M. Engerand.

de personnalités parlementaires et municipales qui
décidaient de faire dès le lendemain une dé-
marche auprès du Gouvernement pour que Lille
fût déclaré ville ouverte. Et le lendemain, en
effet, à 17 heures, le général Herment recevait
l'ordre téléphonique de « considérer Lille comme
ville ouverte, de retirer les troupes des forts et
des remparts et de faire évacuer les valeurs de
banque ». Un télégramme chiffré, émanant du
G. Q. G., complétait l'ordre téléphonique : « Évacuer par voie ferrée la plus grande quantité
possible de matériel d'artillerie et de génie et
mettre le reste hors de service. » Du même
coup, toute la défense de notre frontière du Nord
était rejetée au sud-ouest de Lille. Le général
d'Amade faisait connaître au général Herment
que la garnison de Lille évacuerait le camp retranché pour coopérer à la protection du bar-
rage principal entre les 81ᵉ et 82ᵉ divisions. Le
secteur assigné aux troupes de l'ancienne garnison
s'étendait de La Bassée à Aire-sur-la-Lys. La 81ᵉ division voyait son secteur réduit d'Aire à la mer, et
la 82ᵉ s'établissait entre La Bassée et Corbehem.

Il n'est peut-être pas, dans toute l'histoire de
la guerre, de lignes plus douloureuses à écrire que
celles-là. Sur des injonctions politiciennes Lille
était abandonné, et il est à peine besoin de rappeler qu'en cette fin d'août Lille n'était même
pas sérieusement menacé par les Allemands, qui *ne
l'ont occupé que dans la première quinzaine d'octobre.*

« Les Allemands, dit le général Herment dans un rapport, n'étaient pas à même de s'emparer de Lille dans les derniers jours d'août. Le 26 seulement, une de leurs patrouilles s'y montra l'après-midi et ce n'est que deux jours après qu'un faible détachement entra dans la ville. Ce détachement, nous l'aurions aisément anéanti; après un court séjour, il a quitté la ville, qui est restée inoccupée jusqu'en octobre. Jusque-là nous aurions eu tout le temps d'améliorer la défense et de recevoir des renforts. Le 24 août, la 88e division, qui était à Templeuve, dans l'intérieur du camp retranché, aurait pu être mise à ma disposition pour la défense de la place et j'aurais pu, à la même date, être soutenu par la 81e division à Armentières. Les Allemands, qui n'avaient pas encore pris Maubeuge, n'auraient pas pu enlever Lille défendu par 60.000 hommes. Il y avait d'ailleurs dans la région d'autres troupes, car le 25 août le général d'Amade reçut les 61e et 62e divisions de réserve. Si nous avions conservé Lille, nous aurions pu agir sur les communications des Allemands et gêner leurs opérations tant avant qu'après la Marne (1). »

Par cette dernière phrase, le général Herment pose la question sur son vrai terrain. Il est certain que la place de Lille était sans action sur la bataille de Charleroi, mais que Kluck, négligeant

____

(1) Voir le livre de M. Engerand.

délibérément tout ce qui était sur sa droite pour se jeter à la poursuite des Anglais, aurait payé cher son imprudence si quelques bonnes divisions de réserve, comme la 61e et la 62e, embusquées dans la région de Lille, avaient harcelé ses derrières, quitte à se mettre sous la protection du canon de la place si le besoin s'en faisait sentir. La conservation de la région de Lille aurait été en tout cas de la plus grande utilité lors de la course à la mer. Nous aurions pu nous établir sur le front Lille—Ostende, à faible distance de Zeebrugge, et la jouissance de la côte flamande par les Allemands aurait été sensiblement réduite à zéro.

Tandis que nous abandonnions Lille, nous nous maintenions à Maubeuge. Et pourtant, s'il y avait une place du Nord à évacuer, c'était bien plutôt Maubeuge que Lille! Cette assertion, qui paraîtra peut-être paradoxale, demande une explication.

Les défenses de Maubeuge, au moment de la mobilisation, étaient ainsi constituées (1) : 1º une enceinte bastionnée datant de Vauban, faisant sur les deux rives de la Sambre un cercle de 500 à 600 mètres de diamètre; 2º six forts construits avant l'apparition des obus explosifs, et dont un seul, celui du Bourdiau, avait reçu, à la suite d'un programme établi en 1910, une carapace de béton

---

(1) Voir *La Vérité sur le siège de Maubeuge*, par le commandant Cassou. Berger-Levrault, éditeurs.

qui en faisait un point d'appui sérieux; 3º six
ouvrages intermédiaires, possédant quelques abris
bétonnés. La commission de défense de la place
n'avait cessé de signaler en 1911, 1912, 1913 l'insuffisance du programme de 1910 et avait établi
en 1913 un nouveau projet dont on ne tint pas
compte, ou du moins dont on ne voulut envisager
la réalisation que plus tard, après l'achèvement
des travaux entrepris dans les grandes places de
l'Est. La vérité est qu'on ne voulait pas croire en
haut lieu que Maubeuge pût se trouver dans la
zone d'opérations. J'ai dit plus haut qu'on avait
assigné comme zone de concentration à l'armée
britannique la zone de Maubeuge parce qu'on la
considérait comme de tout repos. Le commandant
Cassou rapporte qu'au mois de juin 1914 le gouverneur de Maubeuge étant venu à Paris, on lui
dit : « Soyez optimiste, nous nous chargeons de
Maubeuge; nous vous enverrons en Lorraine faire
le siège de Metz avec vos 30.000 hommes. » C'est
en effet plus de 30.000 hommes (exactement
27 bataillons d'infanterie et 28 batteries avec
335 bouches à feu) que le plan de mobilisation
laissait à Maubeuge, dans cette place dont le ministre disait dans un document officiel : « L'hypothèse d'un siège régulier de Maubeuge ne doit
pas être envisagée », et sur laquelle, à la veille de
la guerre, en 1913, le Conseil supérieur de la Guerre
portait ce jugement définitif : « Maubeuge ne doit
être considéré que comme un point d'appui pour

une armée de campagne opérant dans les environs. »

Or, dans les circonstances de guerre de 1914, ce rôle qui était admissible pour Lille, ainsi que je viens de le dire, ne l'était pas du tout pour Maubeuge. Étant donné la tâche imposée au général Lanrezac, qui était de se porter à l'attaque des Allemands au delà de la Sambre, Maubeuge ne pouvait en aucune façon lui servir de pivot de manœuvre. Comme on l'a vu plus haut, c'est Namur qui pouvait appuyer la droite de la 5e armée. La Sambre, entre Maubeuge et Namur, coulant du sud-ouest au nord-est, Maubeuge était en arrière et à gauche de l'aile gauche de Lanrezac et ne pouvait guère qu'empêcher un trou dangereux de se créer dans la ligne franco-britannique, lors d'une retraite au cours de laquelle l'ennemi aurait cherché à séparer French de Lanrezac. C'est ce que French a compris le 22 août quand, au reçu des nouvelles qui lui apprenaient que Charleroi était déjà au pouvoir des Allemands, il s'est décidé, étant sans contact immédiat avec la 5e armée, à refuser prudemment sa droite suivant la ligne Mons—Maubeuge. Il n'y a guère que ce jour-là que Maubeuge ait joué un rôle dans la bataille. Dès le surlendemain 24, estimant tous deux que la retraite s'imposait, French et Lanrezac se retiraient sur une ligne fort au sud de Maubeuge, qui devait dès lors être immanquablement submergé par le flot allemand. Vu l'état de la forteresse, qui faisait dire au ministre de la Guerre en 1910 que « l'hypothèse d'un siège régulier de Maubeuge ne devait pas être envisagée », il aurait été plus conforme à une saine stratégie d'en prescrire l'évacuation et de ne pas y faire prendre 30.000 hommes et une nombreuse artillerie (1).

Une manœuvre quelconque autour de Maubeuge était d'autant plus invraisemblable qu'on peut dire qu'au cours de toute la bataille des frontières, des Vosges à la Sambre, il n'y a pas eu en réalité la moindre manœuvre d'armée d'aucun genre, du fait qu'on a partout formé une ligne continue qui ne comportait qu'une avance ou un recul, suivant la fortune des combats. Ce dogme de la ligne continue, qui a été en honneur chez les deux adversaires du front occidental pendant toute la guerre, vaut qu'on lui consacre quelques lignes.

La ligne continue.

J'ai déjà relaté plus haut l'observation *prophétique* du général Colin : « Si l'extension des armées sur la largeur totale du théâtre d'opérations exclut la tendance au morcellement, elle fera

(1) D'après le commandant Cassou (*La Vérité sur le siège de Maubeuge*), le général Lanzerac, venu à Maubeuge en tournée d'inspection le 23 juin 1914, dit au gouverneur : « Votre place ne vaut rien, vos forts ne tiennent pas debout, mais les Allemands ne dépasseront pas la Sambre, d'ailleurs je viendrai à votre secours... »

naître d'autres tentations. *On songera à déployer les masses en une ligne continue, de densité presque constante,* en faussant le sens du principe napoléonien qui veut l'armée *réunie.* »

Il était impossible de prévoir plus exactement ce qui est arrivé. Que les Allemands aient agi de la sorte ne doit d'ailleurs causer aucun étonnement. C'était la conséquence immédiate de leurs deux principes, à savoir : 1° que la puissance des armes actuelles rend le front à peu près inviolable; 2° que la décision ne peut être obtenue que par l'enveloppement de l'aile ou des ailes ennemies (1). J'ai expliqué, dans la relation que j'ai faite des manœuvres impériales allemandes en 1912 (2), qu'aucune dérogation à cette règle n'était admise, et que cette année-là les arbitres avaient donné tort, avec une partialité évidente, à celui des deux chefs de parti qui avait tenté de s'en affranchir. La tactique allemande, quelles que soient l'envergure des opérations et l'énormité des effectifs engagés, se réduisait à une sorte de course au clocher pour atteindre l'extrémité de l'aile adverse et l'entourer tant

---

(1) L'enveloppement de notre aile gauche était l'intention évidente du grand État-major allemand. M. Hanotaux, faisant état des doctrines de Schlieffen, est d'avis que cet enveloppement a été cherché également sur notre aile droite. C'est une opinion que je ne partage pas tout à fait, mais qui est très soutenable.

(2) *Les Manœuvres impériales allemandes en 1912.* Berger-Levrault, éditeurs.

bien que mal. Le grand État-major de Berlin estimait qu'une pareille doctrine, toute pauvre et rigide qu'elle paraisse, répondait aux nécessités de la guerre au xxᵉ siècle, qu'elle entravait avec raison des combinaisons trop savantes ou trop ingénieuses, pour une époque où l'énormité des masses mises en branle ne laisse à l'art militaire que des moyens d'expression très simples. C'est cette doctrine, proclamée dès le temps de paix, qui a été mise en pratique en août 1914. Tout était subordonné à la réussite du mouvement enveloppant des armées Bülow et Kluck, composées de la fleur des corps d'armée allemands, et il est probable que les autres armées n'auraient pas prononcé d'offensive avant la terminaison de ce mouvement, si nos imprudentes attaques de Lorraine et du Luxembourg ne leur avaient pas donné l'occasion de contre-attaques profitables.

Il est à peine besoin de dire que l'adoption de la ligne continue n'est que l'application immédiate de cette doctrine. On considère que le seul danger qui puisse menacer l'inviolabilité du front est non pas la percée, mais l'enveloppement de certaines parties du front. Il ne faut donc laisser de trou nulle part, moyennant quoi on sera paré.

Nos bréviaires de stratégie et de tactique d'avant-guerre ne faisaient nullement soupçonner que, sur ce point de doctrine, nous nous mettrions à la remorque des Allemands; ils laissaient même entrevoir le contraire. Nous n'avons, pour nous en convaincre, qu'à ouvrir encore le Règlement sur la conduite des grandes unités. Nous y trouvons d'abord une conception du plan de bataille plus souple que la conception allemande. Dans son rapport au ministre, la Commission chargée de rédiger ce règlement dit qu'elle s'est trouvée en présence de deux théories. L'une fait reposer la bataille sur des actions successives, efforts préparatoires durant tout le temps nécessaire, effort décisif déclenché lorsque la préparation a été jugée décisive. L'autre est basée sur la simultanéité des efforts, actions secondaires fixant l'ennemi sur tout ou partie du front, action principale visant soit une aile de l'adversaire, soit un point de son front. Après examen, la Commission estime qu'il n'y a pas lieu d'opposer deux systèmes ayant chacun leur valeur, et dont l'application est avant tout une question de circonstances. Elle prétend laisser au chef, seul capable d'apprécier les données de toute nature qui servent d'éléments à sa décision, le droit absolu d'exercer son choix en toute liberté.

En ce qui concerne l'action principale, elle donne la préférence à celle qui se produit sur une aile :

« Les attaques à forme enveloppante facilitent, en effet, la mise en œuvre des moyens supérieurs à ceux de l'ennemi. Elles rejettent ses forces les unes sur les autres, et les mettent dans l'impossibilité de développer tous leurs moyens; elles font tomber naturellement les positions successives, en menaçant les lignes de retraite et les communications de l'adversaire. »

Mais, contrairement aux principes allemands, la Commission ne proscrit pas l'action principale dirigée sur une partie du front de l'ennemi :

« Elle présente plus de difficultés; elle ne permet pas d'escompter une décision rapide et exige de lourds sacrifices. Les résultats d'une action de front sont forcément incomplets si l'ennemi est simplement refoulé et conserve la possibilité d'occuper des points d'appui en arrière. Par contre, lorsqu'elle aboutit à la percée tactique, l'action de front peut conduire au succès décisif, si le commandement dispose de forces suffisantes pour élargir rapidement la brèche et envelopper les fractions ennemies disloquées. »

En tout cas « l'action principale est menée avec des forces importantes, dans une direction telle qu'un succès remporté dàns cette direction permette d'obtenir des résultats décisifs; l'action secondaire ne comporte que la mise en œuvre de moyens mesurés d'après la tâche à remplir ».

Dans toutes les pages consacrées à l'armée et au groupe d'armées se manifeste la préoccupation de la manœuvre, moyennant un dispositif initial ordonné en largeur ou en profondeur, suivant le cas :

« Pour l'armée, l'extension du dispositif dans

le sens de la largeur facilite la marche et les manœuvres enveloppantes; elle se prête d'ailleurs, par simple resserrement des intervalles, à une réunion ultérieure plus étroite. Le dispositif en largeur maintient l'ennemi dans l'incertitude sur la direction dans laquelle se produira l'effort principal de l'armée. Un dispositif profond convient à l'exécution de changements de direction brusques et rapides. Il permet de dessiner une manœuvre enveloppante, en avançant une aile, ou de protéger un flanc par un échelon refusé. Il assure enfin au commandement la possibilité de réserver une partie des forces en vue de leur emploi tactique dans la bataille (1). »

Mais, pour que de pareilles latitudes de manœuvre soient laissées à l'unité armée, il faut que l'unité supérieure, le groupe d'armées, soit elle-même articulée de façon à laisser des *intervalles de manœuvre* aux différentes armées. C'est la nécessité sur laquelle revenait constamment le général Bonnal dans son enseignement de l'École de Guerre, dont les lignes suivantes, extraites du Règlement sur la conduite des grandes unités, ne sont qu'une réminiscence :

« Étant donné l'énormité des masses actuelle-

---

(1) Ce sont ces idées de manœuvre, facilitée par un dispositif en profondeur, qui nous ont détournés d'imiter les Allemands en ce qui concernait la composition organique du corps d'armée, et qui nous ont incités à conserver dans le corps d'armée d'importants éléments non endivisionnés, notamment l'artillerie de corps.

ment mises en œuvre, la bataille générale sera la résultante des batailles d'armée, *plus ou moins distinctes les unes des autres*, mais se rattachant toutes à une même conception d'ensemble. La participation de la totalité des forces à la bataille générale pourra être considérée comme acquise, si toutes les armées sont en mesure de concourir à la réalisation de cette conception avec tous leurs moyens dans les conditions de temps et d'espace déterminées par le commandant en chef...

« Chacune des opérations partielles, dont l'ensemble constitue la manœuvre du groupes d'armées, est confiée à une ou plusieurs armées. Le dispositif du groupe d'armées est réglé en conséquence en largeur et en profondeur. *Il doit avoir assez d'extension en largeur pour qu'il soit possible de ménager entre les armées des intervalles de manœuvre.* »

Ces dernières lignes soulignées sont, en somme, la condamnation de la ligne continue. Celles qui précèdent prouvent que notre doctrine du temps de paix n'a pas reçu la moindre application en 1914. Toutes ces prescriptions sont restées lettre morte. Je ne veux pas me lancer dans une discussion oiseuse et rechercher si c'étaient nos théoriciens d'avant-guerre ou les Allemands qui étaient dans le vrai. Comme nos théories n'ont pas eu la sanction de l'expérience, il serait difficile de rien prouver. Mais ce que je constate, c'est qu'à un seul moment, et pour un temps très court (¹), le G. Q. G. a eu la velléité de les mettre en pratique. Nos armées, en tout cas, sont restées jointives et, à mesure que le mouvement allemand se dessinait en Belgique, se sont étirées vers le nord. Il y a eu, au mois d'août 1914, une course à la Sambre comme il y a eu plus tard une course à la mer. Et comme nous n'avions fait que suivre le mouvement allemand, nous sommes arrivés trop tard sur la Sambre et avec des effectifs insuffisants.

Nos commandants d'armée étaient, de leur côté, préoccupés de maintenir le coude à coude avec leurs voisins et de conserver en quelque sorte l'alignement. Dubail recule quand Castelnau a reculé lui-même après le revers de Morhange, et nous venons de voir, en étudiant Charleroi, que la connaissance de la retraite de Langle de Cary est entrée pour une bonne part dans la détermination prise par Lanrezac le 23 au soir d'abandonner la région de la Sambre. L'idée d'avoir un espace vacant à leur droite ou à leur gauche est manifestement insupportable à nos chefs. On peut dire de la tactique du xxᵉ siècle qu'elle a eu horreur du vide, tout comme la nature du xviiᵉ siècle...

---

(1) Je fais ici allusion à son attaque au centre avec la grosse armée de Langle de Cary. Les forces consacrées à cette opération étaient encore insuffisantes, et le terrain très défavorable. Le G. Q. G. a d'ailleurs renoncé à son idée dès l'échec initial de l'armée de Langle, après un seul jour de bataille, et c'est alors qu'il a espéré que la situation se rétablirait par une attaque d'aile, celle de Lanrezac.

Il serait très osé de reprocher cet état d'esprit à nos exécutants. En présence d'adversaires aussi redoutables que les Allemands, aussi difficiles à déloger quand ils s'étaient cramponnés quelque part, l'abandon de la ligne continue aurait nécessité, pour être pratiqué sans péril, une capacité manœuvrière qui n'était peut-être pas la nôtre au début de la guerre, et en outre une très grande solidité des éléments d'aile des armées, toujours exposés à certaines mésaventures. Je retombe en somme sur la conclusion à laquelle j'étais déjà parvenu plus haut, en parlant de l'offensive à outrance, à savoir que les principes posés dans nos règlements étaient d'une application très délicate, pour ne pas dire dangereuse, étant donné d'une part la valeur de notre armée au point de vue « opératif », comme disent les Allemands, d'autre part le genre d'ennemis que nous avions à combattre.

CONCLUSION

Je supplie le lecteur de concéder au moins aux pages qui précèdent deux qualités : la bonne foi et l'impartialité. Je répète ce que je disais en commençant, à savoir que les causes de nos douloureux revers d'août 1914 sont de trois ordres : social, politique et militaire. Négliger un des trois est faire preuve d'injustice, et c'est malheureusement cette négligence qu'on rencontre dans un très grand nombre d'ouvrages qui ont déjà paru sur le début de la guerre.

Les hommes de gauche ne parlent que des fautes militaires, lesquelles, à leurs yeux, se réduisent aux fautes de l' « État-major ». Il n'y a rien de plus agaçant que ce vocable « État-major » employé à tort et à travers, souvent dans une intention venimeuse, pour opposer l'officier d'état-major à l'officier de troupe. L'État-major n'est pourtant qu'un organe du commandement. Que, dans bien des cas, un chef d'état-major exerce son influence sur le chef tout court, c'est ce que je ne songe pas à nier. Mais c'est le chef tout court qui est tout de même responsable, et qui mérite finalement le blâme ou l'éloge. Nous avons la manie en France de ne jamais considérer le chef que comme un personnage représentatif qu'actionnent ses subordonnés. C'est quelquefois le cas, mais nous généralisons à l'excès, et contribuons ainsi à abolir le sens du commandement. Quoi qu'il en soit, quand ils incriminent uniquement le commandement ou l' « État-major », les hommes de gauche s'aveuglent, volontairement ou non. Un pays ne peut pas être bien préparé à la guerre quand il a été en proie pendant plus de quarante ans aux haines de classe, et quand son régime politique a été tel que le ministère de la Guerre n'a jamais été habité que par des hôtes de passage, que le commandement a été énervé par la crainte perpétuelle des « histoires », que l'administration de l'avancement a été souvent incohérente, quelquefois criminelle. N'oublions jamais que dans les trois premières semaines de guerre, trente-trois généraux, sans descendre au-dessous des commandants de division, ont été relevés de leur emploi.

Les hommes de droite sont également dans l'erreur quand, pour répondre aux diatribes de leurs adversaires politiques sur le haut commandement, ils prétendent faire en tout temps et en tout lieu l'apologie de ce dernier. On s'enlève beaucoup de force et beaucoup d'autorité quand on s'obstine à se mettre les poings sur les yeux pour ne pas apercevoir la vérité. De même que, dans ces derniers temps, les catholiques ont fait un tort réel à la religion, ont compromis dans une certaine mesure la résurrection, si désirable, du sentiment religieux dans notre pays, en s'obstinant à ne pas reconnaître franchement les faiblesses du Vatican pendant la guerre, faiblesses qui n'étaient pas d'ordre dogmatique, de même on ne sert pas les intérêts de l'armée en masquant les erreurs militaires qui ont pu être commises. Quand il s'agit de juger un homme en particulier, pourquoi ne pas convenir, quand c'est le cas, qu'il s'est trompé tel jour, qu'il a vu juste tel autre jour? Si les choses ne se passent pas ainsi au théâtre, c'est pourtant ainsi qu'elles se passent dans la vie réelle. Dans le domaine de l'activité militaire comme dans tous les autres, les génies infaillibles sont bien rares, si tant est qu'ils aient jamais existé. Je ne vois, pour ma part, aucune difficulté à admettre que notre haut commandement a médiocrement dirigé la bataille des frontières et supérieurement monté la manœuvre de la Marne.

Aujourd'hui que, grâce à un héroïsme tenace à peu près sans exemple dans l'histoire, nous avons la victoire, après avoir côtoyé pendant quatre années le bord du précipice, saurons-nous profiter des enseignements d'un passé tout récent? Faisons d'abord notre bilan, moral et matériel. Malgré le triomphe de nos armes, il ne laisse pas que d'être préoccupant.

Dans les premiers mois de la guerre, le moral du pays a été magnifique. Devant le péril de mort, nous avons serré les coudes. Par cela même que la caste politicienne se trouvait rejetée à l'arrière-plan, condamnée au silence et dispersée, nous avons cessé de nous entre-dévorer et nous avons vraiment pratiqué l'union sacrée. *On ne se détestait plus de classe à classe*, et ce stupéfiant résultat tendait à donner raison à ceux qui prétendent que la guerre, pour horrible qu'elle soit, est moralisatrice. Mais l'épreuve a été trop longue et trop douloureuse. Une trempe convenable durcit l'acier, une trempe trop prolongée le rend cassant. Au cours de l'interminable guerre de tranchées où, il faut bien le dire, des erreurs nombreuses ont été commises, comme au début de la guerre, la vie politique et parlementaire a repris son train-train du temps de paix et d'abominables excitations se sont multipliées : telle classe aurait saigné plus qu'une autre, telle classe aurait été responsable de la guerre ! Tandis que sur le front, exception faite pour le douloureux printemps de 1917, la tenue restait superbe, à l'intérieur se développaient une fièvre de jouissance et une furie de lucre qui se traduisaient dans certains milieux par la dépravation des mœurs, dans d'autres par la diminution de la vieille probité française. Le régime anormal de guerre devenait un facteur de démoralisation, et rien qu'à cet égard il était grand temps que la paix survînt.

Une réforme morale devra donc être, à l'heure qu'il est, le premier souci des bons Français. Puis-

que c'est l'union sacrée qui nous a permis de tenir
le plus terrible des coups, pourquoi donc ne vou-
drions-nous en entendre parler que dans les circonstances tragiques, et ne chercherions-nous pas
à la pratiquer dans les temps qui viennent, où
nous aurons tant de plaies à panser? Il ne s'agit
pas de souhaiter l'impossible ni de s'imaginer que
la solution des problèmes sociaux nous trouvera
tous du même avis. Mais ce qui n'est pas enfantin,
c'est de souhaiter que ces problèmes soient abordés
sans haine réciproque, dans un esprit fraternel.
Je ne trouve point si ridicule ce brave homme qui
eut un jour de célébrité dans l'Assemblée législ-
lative de 1792, et qui s'appelait Lamourette. Si,
depuis un siècle, dans nos débats parlementaires,
nous nous étions donné un peu plus de baisers
Lamourette, le mal eût-il été si grand ? Et si,
malheureusement, nous ne cherchons pas cet esprit
nouveau là où nous serions le plus sûrs de le
trouver, c'est-à-dire dans un retour aux croyances
religieuses, est-il interdit d'espérer qu'en restant
dans le domaine des considérations utilitaires une
éducation plus intelligente nous fera comprendre
que riches et pauvres, capitalistes et travailleurs,
nous ne saurions nous passer les uns des autres?
Il faudrait pour cela que les doctrines de haine,
soigneusement entretenues par les politiciens qui
en vivent, fussent écartées. On verra ce que don-
neront les élections prochaines. Souhaitons que,
comme en 1871, les électeurs nomment en grand

nombre, sans trop faire attention à leur nuance politique, des *hommes de bonne volonté*, ayant bien fait leur devoir pendant la guerre.

Il faut aussi entendre par réforme morale une nouvelle ardeur au travail, un amour de l'effort, qui nous changerait de nos habitudes d'avant-guerre, et qu'à vrai dire on ne voit pas encore poindre à l'horizon. Il ne faut d'ailleurs pas s'en étonner. Qu'on se rappelle le mot de Napoléon, quand sa fortune déclinait. Il demanda un jour à son entourage : « Que dira le monde quand je n'y serai plus? » Et coupant court aux flatteries, il ajoutait aussitôt : « Le monde dira : Ouf! » La crise que nous venons de traverser a été plus courte que la crise napoléonienne, mais autrement effroyable. On conçoit donc que le cri du moment soit : Ouf! Le tout est que ce cri, bien excusable, soit de courte durée.

Nos pertes en vies humaines, depuis tantôt cinq ans, n'ont pas d'équivalent dans l'histoire. En ce qui concerne la population civile, le nombre des décès a dépassé celui des naissances de 800.000, et les départements envahis ne sont pas comptés dans ce total. Quand leur statistique aura été établie, il est probable que le déchet dépassera sensiblement le million. Quant aux pertes subies par nos armées, on sait qu'elles ont été extrêmement lourdes, mais d'après l'étude à laquelle je me suis livré en ne considérant que les tués, les pertes des armées française et allemande sont sensiblement proportionnelles à la population des deux pays. Si bien que notre infériorité relative vis-à-vis de l'Allemagne ne réside que dans notre faible natalité. Nous verrons si nos futurs législateurs s'efforceront de conjurer ce danger de mort. Une législation qui ne sacrifierait pas constamment, comme celle du passé, la famille à l'individu serait certainement susceptible de provoquer un relèvement de la natalité. Toutefois, sur ce chapitre, je crains que rien ne vaille les convictions religieuses, sans lesquelles on se fait de la vie une conception peu favorable à l'éclosion des familles nombreuses. Il se trouvera certainement des gens qui auront des enfants par patriotisme, mais ils seront rares. Un athée sera toujours tenté de répondre aux bons conseilleurs qu'il n'est pas chargé de repeupler la planète, au législateur qu'un enfant, même élevé avec la plus stricte économie, lui coûtera plus d'argent que ne lui en vaudront ses dégrèvements d'impôt.

Croyant que, de toutes les plaies, celle d'argent est la moins mortelle, je ne fais qu'indiquer ici qu'au mois de février 1919 la guerre nous avait déjà coûté environ 180 milliards, et qu'on évalue notre futur budget annuel de dépenses à 22 milliards. Il faut, comme il est de stricte justice, nous décharger de ce fardeau sur l'Allemagne jusqu'à l'extrême limite du possible, mais étant donné le nombre des parties prenantes à la liquidation générale et l'intérêt évident qu'il y a à laisser notre débiteur vivre pour travailler à l'extinction de sa dette, il serait naïf de croire que nous échapperons à des charges financières très lourdes. Je passe, et, avant de poser la plume, je ne veux plus dire qu'un mot des charges militaires qui vont nous incomber dans les années qui viennent, et de la façon dont nous pourrons mettre à profit les enseignements de 1914.

A l'heure où j'écris ces lignes, cinq mois après la signature du premier armistice, notre avenir militaire, qui devrait déjà se dégager nettement, est encore extrêmement trouble. Quoique les personnes qui ont suivi le travail des conférences européennes à propos des affaires du Maroc et des Balkans n'eussent pas beaucoup d'illusion sur la capacité de ces assemblées, en un temps où il y a partout pénurie d'hommes d'État dignes de ce grand nom, où le chef d'orchestre susceptible de diriger un concert européen ou mondial ne s'aperçoit nulle part, la composition de la Conférence qui s'est réunie à Paris en janvier 1919 et ses méthodes de travail ont surpris les plus pessimistes. L'idée d'avoir introduit dans cette conférence, en tant que négociateurs, des premiers ministres et jusqu'à des chefs d'État, est bien une des plus extraordinaires qui aient jamais germé dans des cervelles gouvernementales. Il était clair que ces grands personnages auraient besoin d'aller de temps en temps veiller au grain dans leurs pays respectifs, et seraient obligés de repasser inopinément qui les Alpes, qui la Manche, qui l'Océan, laissant la Conférence en panne. Sans être enthousiaste des habitudes d'esprit des diplomates de carrière, c'est encore eux qui sont le plus aptes, à condition d'être orientés par leurs Gouvernements, à mener à bien une négociation internationale. Au moins ont-ils l'avantage de connaître la langue qui est consacrée diplomatique depuis Louis XIV, c'est-à-dire la langue française, propre à donner une expression claire à la pensée humaine, et de ne pas rédiger leurs projets et leurs protocoles dans un galimatias inintelligible. On était néanmoins en droit d'espérer que la Conférence rachèterait le retard de sa réunion par la rapidité de son travail, qu'elle comprendrait que, de même que nous avions signé des armistices séparés avec chacun de nos ennemis, il était expédient de signer des paix également séparées, et de régler avant tout le compte de l'Allemagne. Or, le 15 février, le plus clair de la besogne faite était un projet de Ligue des nations. Mettant la charrue avant les bœufs, la Conférence se préoccupait de consolider la paix future avant de clore la guerre présente !

Après le premier enthousiasme suscité par ce projet, sinon pratique, du moins d'inspiration généreuse, on s'est rendu compte qu'il posait, dans le domaine militaire, de redoutables points d'interrogation. Oui ou non, y aura-t-il une gendarmerie

internationale (malgré toutes les difficultés d'ordre
constitutionnel que sa création pourrait soulever),
toujours prête à appuyer l'armée nationale d'un
des États membres de la Ligue, le jour où il
serait menacé? Et ceux de ces États dont la situation géographique est particulièrement dangereuse,
comme la France, trouveront-ils dans cette gendarmerie internationale une compensation à la
diminution de sécurité qu'entraînera pour eux
la limitation obligatoire de leurs armements? Je
ne veux point prophétiser, mais je doute beaucoup
que cette gendarmerie internationale soit jamais
créée, ne serait-ce qu'à cause de la répugnance
d'une grosse fraction de l'opinion publique américaine qui, une fois le compte des puissances cen-
trales réglé, ne serait pas fâchée de laisser l'Europe
se débrouiller toute seule et la verrait sans déplaisir
brandir à son tour sa doctrine de Munroe. Le sup-
plément de sécurité doit être bien plutôt cherché
dans la limitation imposée aux armements de l'ennemi héréditaire. Cette clause primordiale du traité
de paix nécessitera un contrôle qui devra être
extrêmement rigoureux, si l'on veut qu'il soit efficace, et ce serait se faire illusion que de croire que
ce contrôle, en tout état de cause, pourra être
éternel. On peut cependant espérer qu'il fonction-
nera pendant un certain nombre d'années, au delà
desquelles la vue la plus perçante ne découvre
plus que les brumes impénétrables de l'avenir.

Nous allons donc avoir à établir notre statut

militaire sur deux données : l'armée qui sera permise à l'Allemagne, et la force qui nous sera nécessaire, indépendamment de toute gendarmerie internationale, pour nous donner une supériorité marquée sur notre ennemi héréditaire. Si nous tenons la main à ce que les restrictions imposées à l'Allemagne soient effectives, nos propres charges militaires resteront supportables, infiniment moins lourdes que celles d'aujourd'hui. Il en résulte immédiatement que, contrairement aux errements d'avant guerre, le plan de notre armée future doit conditionner la future loi de recrutement, au lieu que, jusqu'à présent, nous modelions l'organisation de nos forces sur la loi de recrutement. Cette dernière méthode, quoique médiocre, était défendable en ce sens que la menace allemande nous obligeait à demander au pays l'effort maximum qui se traduisait dans la loi de recrutement. Désormais, grâce à notre victoire, nous ne serons plus astreints à cet effort maximum; la loi de recrutement pourra donc n'être que l'humble servante des lois organiques de l'armée.

Le problème consistera à déterminer : 1º le nombre N des corps d'armée qui nous seront indispensables en temps de guerre, et qui seront probablement constitués à trois divisions à trois régiments, le système ternaire ayant fait ses preuves pendant la guerre. On en déduira les grandes unités qui devront exister en temps de paix pour permettre la mobilisation de ces N corps d'armée;

2º les *spécialités*, que les progrès scientifiques tendent à multiplier incessamment, et dont les noyaux seront déterminés par le nombre N des corps d'armée de guerre. On fixera d'après ces données l'effectif des engagés volontaires et des rengagés qu'il nous faudra pour encadrer solide- ment nos unités mobilisées. On devra consentir à ces deux catégories des avantages pécuniaires suffisants pour que le système ne fasse pas faillite. Quant au service obligatoire, il sera vraisembla- blement à très court terme. La question se posera seulement de savoir si ce service obligatoire sera d'une durée uniforme pour tous les jeunes Fran- çais sans exception, ou s'il ne serait pas préfé- rable, au point de vue économique aussi bien qu'au point de vue militaire, de rétablir par le tirage au sort ou tout autre moyen jugé suffi- samment démocratique une deuxième portion du contingent. Je crains fort qu'étant donné la manie égalitaire qui sévit chez nous, et qui nous a déjà fait commettre tant de sottises, cette seconde solution n'ait pas grande chance de succès. Quelles que soient ses modalités, un pareil système sem- blera d'un poids léger après celui que nous avons dû subir pendant tant d'années, mais il ne faut pas se dissimuler que le budget de la guerre sera tou- jours assez gros. Outre ce que coûteront les engagés et les rengagés, il faudra prévoir des sommes importantes pour le matériel et pour tout l'outil- lage scientifique qui ne fera que croître et embellir.

En haut de l'édifice une école supérieure de guerre ne sera plus seulement la pépinière des officiers d'état-major mais deviendra la grande école d'instruction de l'armée. Puissamment documentée par une section historique, dont le rôle sera de dégager les enseignements des guerres les plus récentes, et par une équipe d'officiers polyglottes prêts à partir pour tous les points du globe où se passeront des événements militaires intéressants, cette école diffusera sa doctrine dans les corps de troupe comme dans les états-majors, et instruira à cet effet une élite d'officiers de tout grade, dont le programme d'études sera établi d'après les connaissances nécessaires à chaque grade. Les lieutenants et capitaines y feront fort peu de stratégie, mais les officiers supérieurs s'y prépareront à leur rôle futur d'officiers généraux.

L'organisation du ministère de la Guerre devra être profondément remaniée pour ne pas retomber dans le désordre et l'impuissance que j'ai signalés dans la première partie de cet ouvrage. On devra s'inspirer à cet effet du fonctionnement des armées en temps de guerre. On sait que dans chaque quartier général d'armée les directeurs des grands services sont placés sous l'autorité d'un officier général, dénommé directeur des étapes et des services, qui représente vis-à-vis d'eux le commandement. Le quartier général d'armée est ainsi scindé en deux, l'état-major proprement dit, et la direction des services, cette dernière chargée d'assurer l'entretien matériel des troupes. On conçoit donc qu'on pourrait pareillement instituer au ministère de la Guerre, à côté de l'État-major de l'armée et sous les ordres immédiats du ministre, une direction générale des services dont dépendraient tous les bureaux du matériel. Le directeur des services devrait être un officier général, émanation du commandement. Il serait secondé par un état-major composé d'officiers, ayant passé autant que possible par l'État-major de l'armée, et assisté d'un conseiller technique pris dans les différentes armes ou services. C'est à ce cabinet du directeur qu'incomberait l'établissement annuel du budget.

Parallèlement, une direction générale du personnel, organisée sur les mêmes bases et confiée également à un officier général, aurait dans ses attributions toutes les questions de personnel, et ordonnerait le travail de tous les bureaux du personnel d'armes et de services. Cet organe, ayant des traditions et un programme, étudierait les affaires à un point de vue général, fixerait les règles d'affectation du personnel en tenant compte des nécessités de la mobilisation, et serait qualifié pour préparer une loi d'avancement (¹).

____

(1) Il faut espérer que la future loi d'avancement affranchira l'armée de ces prescriptions étroites relatives à la limite d'âge, dont l'expérience de la guerre a prouvé la futilité. Si on sélectionne consciencieusement le commandement, on obtiendra par résultante son rajeunissement. Mais croire qu'on résoudra le problème avec des mises à la retraite brutales à tel ou tel âge, c'est confondre

On aboutirait ainsi à une réforme rationnelle de l'Administration centrale qui ne comprendrait plus que *trois grands organes* directement actionnés par le ministre :

L'État-major de l'armée ;

La Direction générale des services ;

La Direction générale du personnel.

Outre qu'il ferait succéder l'ordre au désordre et empêcherait le retour du gâchis d'avant guerre, ce régime aurait encore l'avantage de procurer de notables économies.

Avec un ministère ainsi constitué, il n'y aura plus qu'à souhaiter que le ministre soit autre chose qu'un oiseau de passage à la rue Saint-Dominique. Des projets de réforme de nos institutions éclosent un peu partout. Une réforme heureuse serait d'assurer aux trois ministres de la défense nationale, ceux des Affaires étrangères, de la Guerre et de la Marine, une situation à part qui les mettrait à l'abri des fluctuations de la barque ministérielle.

---

l'effet et la cause. Pour les grands chefs en particulier, l'erreur de la méthode est patente. Beaucoup de ceux qui se sont illustrés pendant la guerre appartenaient, par leur âge, au cadre de réserve. Il suffit de citer Gallieni, Fayolle, Maunoury, de Langle de Cary... Au temps où un commandant d'armée devait galoper toute la journée pour se rendre compte du développement de la bataille et donner ses ordres, on pouvait encore dire que, sauf de très rares exceptions, on exigeait de lui des efforts incompatibles avec un certain âge. Aujourd'hui que les journées de cheval sont remplacées par les journées d'automobile, l'argument n'a plus la même valeur. Il faudra désormais juger les chefs d'après leurs aptitudes et non d'après leur âge. C'est évidemment moins aisé, mais c'est nécessaire.

Il est proprement odieux qu'un ministre de la Guerre doive quitter son poste à la suite d'un ordre du jour sur la révocation d'un instituteur! Tant que le chef de l'armée ne jouira pas d'une certaine stabilité, non seulement ce sera un chef sans autorité, mais ce sera un homme qui n'aura pas la mentalité de son rôle. C'est uniquement la stabilité ministérielle qui nous délivrera des incompétents. Les incompétents n'entrent volontiers à la rue Saint-Dominique que parce qu'ils savent bien n'y pas rester longtemps; la perspective d'un travail de longue haleine et d'une responsabilité formidable qui ne s'évanouirait pas au bout de quelques mois écarterait les « amateurs ».

Ces graves questions s'imposent dès maintenant à notre méditation. Rien ne serait plus dangereux que de ressasser l'idée que la guerre qui vient de finir est la dernière des dernières. Il y a trop de gens qui se croient toujours à un tournant de l'histoire du monde; ces tournants perpétuels finiraient par faire ressembler le cours de l'histoire à un boyau de tranchée. Méfions-nous que les utopies qu'on débite à foison à propos de la Ligue ou de la Société des nations (le mot ne change rien à la chose) n'aboutissent à rendre impossible l'établissement de tout statut militaire. Nous risquerions d'avoir un jour un réveil pénible. La vérité est qu'une guerre prochaine est dans les éventualités tout à fait improbables, mais qu'un peuple qui s'abandonne sera toujours considéré comme une proie, tant que le monde sera monde, et non-obstant toutes les Sociétés des nations. Souvenons-nous surtout que, par suite de notre situation géographique, si le fléau de la guerre se déchaîne encore sur l'humanité, nous serons une fois de plus aux premières loges pour recevoir les premiers coups. Il ne s'agit donc pas de recommencer l'expérience de 1914, c'est-à-dire de livrer une seconde bataille des frontières aussi funeste que celle de 1914, et de forger ensuite, au cours même de la guerre, les armes qu'on aurait dû avoir aiguisées dès le début. A la guerre comme ailleurs on peut dire trop souvent que

Rien ne sert de courir, il faut partir à temps.

TABLE DES MATIÈRES

———

CARTES

NANCY, IMPRIMERIE BERGER-LEVRAULT — MAI 1919

www.ingramcontent.com/pod-product-compliance
Ingram Content Group UK Ltd.
Pitfield, Milton Keynes, MK11 3LW, UK
UKHW021053220726
13924UKWH00005B/2089